"文化广西"丛书编委会

总策划　范晓莉

主　任　利来友

副主任　张艺兵

成　员　黄轩庄　韦鸿学　石朝雄　刘迪才

　　　　　　石立民　卢培钊　陈　明　黄　俭

文化广西

遗存

广西汉语方言

陈小燕　杨丕芳　等　编著

广西师范大学出版社
·桂林·

图书在版编目（CIP）数据

广西汉语方言 / 陈小燕等编著 . –– 桂林 : 广西师范大学出版社 , 2021.6
（文化广西）
ISBN 978-7-5598-3785-1

Ⅰ . ①广… Ⅱ . ①陈… Ⅲ . ①汉语方言－方言研究－广西 Ⅳ . ① H17

中国版本图书馆 CIP 数据核字（2021）第 075979 号

出 版 人	黄轩庄	责任编辑	植天鹏　黄　蕊
出版统筹	郭玉婷	责任校对	方　芳
设计统筹	姚明聚	责任印制	王增元　伍先林
印制统筹	罗梦来	书籍设计	姚明聚　徐俊霞　刘瑞锋
			唐　峰　魏立轩

出　　版　广西师范大学出版社

　　　　　　广西桂林市五里店路 9 号　　邮政编码　541004

网　　址　http://www.bbtpress.com

发行电话　0773-2802178

印　　装　广西壮族自治区地质印刷厂

开　　本　1230mm×880mm　1/32

印　　张　6

字　　数　110 千字

版　　次　2021 年 6 月第 1 版　　2021 年 6 月第 1 次印刷

书　　号　ISBN 978-7-5598-3785-1

定　　价　28.00 元

如发现印装质量问题，影响阅读，请与出版社发行部门联系调换。

前　言

◆

　　广西是全国乃至全世界知名的语言富矿区，备受国内外学者关注，可以说，语言的多样性是广西重要的文化财富和文化名片之一。但很多人对广西语言的了解和认知却存在较大的偏差，比如，一提及广西的语言，很多人可能马上就会联想到各种带有嘲讽意味的语言笑话（如"公、空不分""狗、口不分""自、继不分""难、蓝不分"等），并因此质疑广西语言的魅力，质疑广西人的语言能力。我们认为这是对广西语言极大的误解，也是对广西人的误解，更是对广西文化的误解！事实上，广西语言丰富多彩、奥妙无穷，是我们广西十分宝贵的非物质文化财富；同时，广西人的语言能力十分了得。

　　母语是壮语的广西人在习得普通话时，易把"空"说成"公"、"口"说成"狗"，这是很正常的现象。这是由于壮语与汉语这两种民族语言具有不同的语音特点。母语是粤方言或桂林官话的广西人在说普通话时，易出现"自、继不分""难、蓝不分"等语音偏误现象，同样也是因为粤方言、桂林官话等广西汉语方言与普通话具有不同的语音特点。这些现象，与很多汉族人说英语时清浊不分（如"duck、tuck不分""bus、pus相混"等）、很多外国人说汉语时声调不准（如"想、像不分"等）现象没什么两样，都是极为正常的，都是受各自母语特点的影响所致。这里涉及一个根本的认识问题，那就是每一种语言（或方言）都有各自的特点。任何语言（或方言）都只有特点而没有缺点，在其自身的语言系统中都是完美的，与其他语言（或方言）相比较而言，彼此的差异只是各自的特点而不是缺点。很多人在讲"公、空不分""狗、口不分""自、继不分""难、蓝不分"之类的语言笑话时，往往都有意无意地带着些许嘲讽意味。这种把壮语或广西汉语方言的特点当作缺点看待的现象是极不科学的，也是不公平的！其实，壮语没有送气音、靠清浊对立来区别意义这一语音特点，与英语等许多语言一致，甚至有学者认为这才是世界语言的主流。当然，我们也不赞同所谓的主流、支流之说，语言（或方言）只有特点而没有缺点，当然也就没有主次、高下之分。至于为什么说广西人的语言能力十分了得，一个很简单的现象就足以说明问题：大部分广西人都能熟练运用多种语言（或方言），比如母语是少数民族语言的广西同胞，除母语外，基本还掌握一种以上的汉语方言，同时还会说普通话。作为广西人，应有充分的语言自信！有了这样的认识，我们才能更为客观科学地看待和解读广西丰富多彩的语言现象，深刻领悟广西汉语方言的博大精深和独特文化魅力。

广西12个世居民族共使用13种语言，涉及汉藏语系的所有语族和若干重要语种。有的语言包括几种方言，有些方言还有几种亚方言（土语），比如，广西汉语方言有粤方言、官话、客家方言、平话、湘方言、闽方言六种，广西粤方言又分广府片粤方言、邕浔片粤方言、勾漏片粤方言、钦廉片粤方言等；有的语言，几个民族共同使用，比如，除汉族使用汉语外，回族以及其他少数民族也都使用汉语；有的民族使用几种语言，比如，瑶族使用勉语、布努语、拉珈语三种语言；有些地方，多种语言或方言交叉覆盖，有些人同时会说几种语言或方言，语言转用或兼用的现象很常见。广西各种语言或方言相互交融、和谐共生的局面是历史形成的，是千百年来广西各族人民和谐共处的结果。目前，广西推广国家通用语言（普通话）文字（规范汉字）成绩显著，在国家通用语言文字发挥主导作用的前提下，依据《中华人民共和国国家通用语言文字法》处理好少数民族语言文字、汉语方言和繁体字以及外国语言文字的学习使用问题，使其按照《中华人民共和国国家通用语言文字法》的要求各得其所、各展所长。

广西的汉语方言尤为丰富，无论是品种数量还是内部的复杂性，在全国都是首屈一指的。就现有的"十区说"系属划分而言，全国的十大汉语方言中，广西就有粤方言、官话（北方方言）、客家方言、平话、湘方言、闽方言六种方言，前五种方言的使用人口在广西都超过百万。

粤方言。俗称白话，是广西汉语方言中分布最广的一种方言，有的地方又称其为白话、土白话、本地话。广西粤方言主要分布在桂东、桂东南、桂南地区，桂西左右江沿岸的龙州、百色、田东、田林等地也有使用粤方言的。根据其内部差异，广西粤方言可分为广府片粤方言、邕浔片粤方言、勾漏片粤方言、钦廉片粤方言等。广西的广府片粤方言和邕浔片粤方言，有学者统称为"沿江片粤方言"，主要分布于西江至左右江沿岸的商埠、城镇，其中广府片粤方言主要分布于梧州市区、苍梧县和贺州市区，贵港市平南县的丹竹、大安等乡镇，与广州话最为相似；邕浔片粤方言主要分布于南宁市区、崇左市区和南宁横州、崇左宁明、贵港桂平、贵港平南等县市及其附近，百色、龙州等地的粤方言也可划归此片；勾漏片粤方言因玉林勾漏洞得名，主要分布于玉林市区及周边县市，贺州八步区的大部分地区、昭平县和钟山县的部分地区，梧州的藤县、岑溪、蒙山等地区，又称本地话、玉林话、藤县话、岑溪话等；钦廉片粤方言主要分布于北海合浦（旧称廉州）、钦州浦北、钦州灵山、防城港东兴、防城港上思等县市。

官话。广西的官话属汉语北方方言中的西南官话，其中柳州官话和桂林官话最为通行，对周边地区的官话成发散式辐射影响，所以人们习惯上把广西的西南官话称为"桂柳话"。广西境内的官话分布很广，由桂北和桂西北往南延伸到南宁上林，往西延伸到百色靖西，覆盖面积几乎占广西总面积的一半。广西官话主要分布在广西的 71 个县市，其中柳州、桂林、河池、百色等地级市及它们所辖各县分布比较集中。"钦州正音"、贺州贺街镇的"正字"、百色的"高山汉话"等，也属西南官话。

客家方言。又称倻话或麻介话，主要由于其常用词"我""什么"读音为"倻""麻介"；有些地方叫新民话，如南宁宾阳、玉林博白、玉林陆川等。客家方言在广西的分布状况是小集中、大分散，全区除少数几个县市外，绝大部分县市都分布有客家方言，其中，玉林的陆川和博白以及贺州较为集中，贵港平南、柳州柳城等地次之，其余零散分布在广西各地。

平话。又称百姓话、蔗园话、土拐话、土谈、土话、民家话、船上话、毛村话、直话、村话、都话、鸬鹚话、平地瑶话等。《中国语言地图集》（第2版）单列"平话和土话"图，据此本书将广西平话统称为"广西平话和土话"。广西平话和土话比较集中地分布在交通要道附近，大体可以分为桂南平话和土话、桂北平话和土话两片。桂南平话和土话主要分布在南宁的宾阳、横州、上林、马山以及贵港等县市，南宁市区部分地方，左右江流域的一些城镇和村庄；桂北平话和土话主要分布在桂林市区部分地方以及桂林的灵川、永福、龙胜，贺州的富川、钟山等县市。桂北平话和土话内部分歧较大；桂南平话和土话与勾漏片粤方言有较大的一致性，目前很多学者倾向将桂南平话和土话划归粤方言。

湘方言。又称湖南话、湖广话。湘方言在广西的分布主要集中在桂林市北部的全州、资源、灌阳及兴安东北部。这些区域在明朝以前属湖南，划进广西版图以后，与其他方言接触交流的机会较少，较为完整地保留了湘方言的特点。

闽方言。其在地理上的分布较为零散，在贵港平南、桂林平乐、玉林北流、河池罗城、柳州柳江等地有超过万人的闽方言岛；在贺州、玉林、桂林、柳州、南宁、来宾等地还有少于万人的闽方言岛10多个。广西的闽方言属于闽南话系统，有的保留得较为完整，有的已被周边的其他汉语方言同化，如昭平樟木林镇原有的闽方言已逐步被客家方言代替，现只有少数几个60岁以上的老人还讲闽方言。

目　录

广西粤方言

二

广西粤方言的历史来源

　　粤方言俗称广东话、白话，使用人口占汉族总人口的 5% 左右，是汉语各大方言中语言现象较为复杂、保留古音特点和古词语较多、内部分歧较小的一种汉语方言。粤方言主要通行于广东省大部分地区、广西壮族自治区的东南部、港澳地区及海外华人聚居区。广东省境内纯粹属粤方言区或以粤方言为主的县市有近 50 个，占全省面积的 1/3 以上；广西通行粤方言的县市有 23 个；海外华侨及华裔中以粤方言为母语的也很多，他们主要分布在东南亚、南北美洲、澳大利亚、新西兰等地。美洲华侨和华裔中几乎 90% 以上的祖籍都位于粤方言区。据史书记载，秦始皇三十三年（公元前 214 年）建立桂林郡、象郡和南海郡，从此以后，中原汉人开始南迁进入南粤（今广东、广西等地）。随着一定规模的中原移民进入南粤，中原汉语开始在这个地区传播，同时开始了与世居民族语言——古百越语的频繁接触，这应该是粤方言分化的初始阶段。从东汉末年起，中原历经 300 多年的战乱，导致中原汉人更大规模南迁，岭南汉族移民人数剧增。由于中原汉语的进一步影响以及接触频繁的古百越语的不断影响和渗透，粤方言逐步成形。到了隋唐时期，粤方言开始逐渐走向成熟，具有自己相对独立的语音体系和词汇系统，这种汉语方言应该就是今粤方言的前身。宋朝以来，粤方言随汉语发展的大趋势发生了一些重要的演变，如"浊音清化"。所谓"浊音清化"，就是中古时期类似"帮、并"这两个字的声母是不同的，"并"的声母发音时声带颤动（即为"浊音"），而"帮"的声母发音时声带不颤动（即为"清音"）。后来"并"的声母发生了变化，和"帮"的声母一样了。"浊音清化"演变完成后的粤方言，与今天的粤方言应该相去不远。

清末民初，广西的主要语言就已有"官平土（壮语、瑶语等）白"之说。这里的"白"，指的就是广西的白话，即广西粤方言。关于广西粤方言的历史来源，大致可分为两大层次。

第一层次是秦汉以来传入岭南的中原汉语，是两广（广东、广西）粤方言的共同来源。早期粤方言居民进入广西的时间不一，路线多样，多以村落族居，成片分布于桂东或桂东南广大地区，以从事农业生产为主。其所说方言，当地多称本地话，如贺州本地话，或称土话、土白话，或以地名相称，如藤县话、玉林话等，内部差异较大。广西的勾漏片粤方言属于第一层次。由此可见，广西粤方言并非都由广东传入，有人认为来源于今广东辖域的白话才能称之为粤方言，这是"以今制古"。众所周知，"粤"今指广东，但在古代，"粤"又作"越"，"百粤"又作"百越"。《汉书·地理志》载注："自交趾至会稽七八千里，百粤杂处，各有种姓。"《文献通考·舆地考》亦言："自岭而南……是百越之地。"

可见，古百粤地区所辖区域远不止今广东地区，"粤方言"的外延当然也不限于后来的"广东粤方言"。分布于广西广大农村地区的粤方言，大部分是历史上在广西本土形成并发展演变而来的。勾漏片粤方言分布的桂东南地区是中原文化进入岭南的较早地区之一。勾漏片粤方言因玉林勾漏洞而得名，其形成时间较早，与当地少数民族语言接触时间较长，相互影响较大。

第二层次是近现代从广东向西传播的广府白话、邕浔白话等，即沿江片粤方言，形成了处在第一层次粤方言及少数民族语言当中的方言岛，或多或少受当地其他语言或方言的影响，居民来源广泛，过去以经商和手工业为主，彼此之间通话没有太大障碍。处于第二层次的广西粤方言与广州话相近，涉及地域广，通常以其使用地的地名命名，如梧州白话、南宁白话、左江白话、右江白话、北海白话等。

粤方言在很长时期都是广西的强势语言，使用区域广，使用人口众多，位居广西各汉语方言使用人口之首位。

广西粤方言的特点

　　广西粤方言纷繁复杂，各有差异。以下通过广西粤方言与中古汉语的比较、广西粤方言与普通话的比较，以举例的方式简要谈谈广西粤方言普遍共有的特点。

广西粤方言的语音特点

　　声调数目较多。比如，玉林白话有 10 个声调，梧州白话、南宁白话、贺州本地话等有 9 个声调，廉州白话有 7 个声调，而普通话只有 4 个声调。

　　较为完整地保留了中古汉语普遍存在的入声调。入声调是中古汉语的一个声调，大多数广西粤方言较为完整地保留了入声调。入声调的主要特点是发音短促，而且韵母是入声韵。所谓入声韵，是指韵母末尾带有短促的类似普通话声母 b、d、g 的辅音韵尾。带 b 尾者，即发完此音之后要闭嘴，上下唇紧闭，如广西大多数粤方言的"十、鸭、搭、杂"等，都读带 b 尾的入声调；带 d 尾者，即发完此音之后舌尖要抵住上齿龈，如广西大多数粤方言的"一、七、笔、出"等，都读带 d 尾的入声调；带 g 尾者，即发完此音之后舌根紧贴软腭阻塞住气流，如广西大多数粤方言的"六、格、脚、国"等，都读带 g 尾的入声调。

由于广西粤方言较为完整地保留了中古汉语普遍存在的入声调，因此用广西粤方言朗诵唐诗宋词，其抑扬顿挫与韵律感会更强，表情达意也更到位。如柳宗元的《江雪》："千山鸟飞绝，万径人踪灭。孤舟蓑笠翁，独钓寒江雪。"用广西粤方言来朗诵这首《江雪》，其中的"绝""灭""雪"都读为短促的入声调，能更准确地诠释作者郁闷、压抑的情感基调。

律诗一般都讲究平仄和押韵，其中的平仄就是靠声调实现的。中古汉语有 4 个声调，分别为"平声、上声、去声、入声"，其中"平声"为平，"上声、去声、入声"为仄；现代汉语普通话也有 4 个声调，分别为"阴平、阳平、上声、去声"，其中"阴平、阳平"为平，"上声、去声"为仄。中古汉语的"入声"在现代汉语普通话中已经消失，分化到"阴平、阳平、上声、去声"4 个声调中。正因如此，唐宋时期的一些经典律诗，今天用普通话来读，其平仄是不相合的，但如果用广西粤方言来读，其平仄则完全符合律诗平仄的要求。如杜甫的《春夜喜雨》："好雨知时节，当春乃发生。随风潜入夜，润物细无声。野径云俱黑，江船火独明。晓看红湿处，花重锦官城。"如果用普通话读《春夜喜雨》，第一、第二句末的"节、生"都是平声，第五、第六句末的"黑、明"也都是平声，其平仄不符合律诗平仄规律。但若用广西粤方言读《春夜喜雨》，"节、黑"均读入声，为仄，

"生、明"均读平声，为平，其平仄完全符合律诗平仄规律。

没有翘舌音声母。普通话中读为翘舌音声母 zh、ch、sh 的字，如"制、照、超、差、上、事"等，在广西粤方言中都读为平舌音声母 z、c、s 或读为舌叶音声母（我们吹口哨时的口形和舌形状态，就接近舌叶音的发音状态，如广西贺州本地话的"制、照、超、差、上、事"等都读为舌叶音）。

大部分有后鼻音声母和舌面前鼻音声母。如"我、鹅、挨"等的声母，在广西粤方言中多读为后鼻音声母（即舌根上抬与软腭接触发出的鼻音）；"耳、日、肉"等的声母，在广西粤方言中多读为舌面前鼻音声母（即舌面前部上抬与硬腭前部接触发出的鼻音）。

一些普通话中读为零声母的字，在广西粤方言中声母读为 m。如"尾、味、舞、忘"等，广西粤方言的声母均为 m。

有闭口韵母。如"针、沉、任、敢"等，在广西粤方言中都读闭口韵（收音时上下唇紧闭）。

广西粤方言的词汇特点

单音节词较多。普通话中的很多双音节词，在广西粤方言中均为单音节词。如：眉眉毛、碟碟子、色颜色、味味道、尾尾巴、被被子等。（说明：右下角标注普通话说法或词义。下文同）

常用词中留存了不少古语词或古汉语的用法。如：行走、闻听见、谂想、着穿、煠水煮、徛站立、罅裂缝、悭吝啬、索绳子、畀/分给予等。

常用口语词，方言色彩浓郁，与普通话差别甚大。如：倾_{聊天}、散纸_{零钱}、靓_{漂亮}、手袜_{手套}、叹世界_{享受}、扯大炮_{吹牛}等。

有音无字（有时写的是俗字，并不是真正有学理依据的本字）的词语较多，其中不少是与壮语或其他少数民族语言共有的词语。如：□_{胡说}、□_蹲、□_{浪费}、□_跨、□_{下垂}、□_傻。（说明："□"表示有音无字现象，意即本字不明，且在该方言中也没有同音字，所以用"□"替代。下文同）

广西粤方言词语与普通话词语对比（示例）。普通话中的"太阳"，在广西粤方言中主要说成"热头"或"日头"。普通话中的"阳光下"，在广西粤方言中主要说成"热头底"或"热头底下"，把"太阳"说成"日头"的地方还会说"日头底"或"日头底下"。普通话中的"月亮"，在广西粤方言中大部分会说成"月光"，小部分地区的说法和普通话一样，也说成"月亮"，还有个别地区说成"热亮"。普通话中的"月光下"，在广西粤方言中大部分说成"月光底下""月光底"，个别地方会说成"月亮底""热光底"。普通话中的"星星"，在广西粤方言中大部分说成"天星""星子"。普通话中的"银河"，在广西粤方言中大部分说法和普通话一样，但也有小部分说成"天河"，个别说成"天江""星河"。普通话中的"打雷"，在广西粤方言中大部分说成"雷劈"，有些地方说得非常形象，称为"雷公响""雷公叫""雷公劈"，也有个别地方说法和普通话一样，说成"打雷"。普通话中的"微风"，在广西粤方言中大部分说成"细风"，一些地方说成"风儿"。普通话中的"龙卷风"，在广西粤方言中有的说成"鬼头风",有的说成"龙取水""旋风""抖卷风"等。普通话中的"下雨",在广西粤方言中都说成"落雨"或"落水"。普通话中的"前天",其中"天"在广西粤方言中均说成"日",绝大部分地区说成"前日",个别地方说成"先日"。普通话中的"彩虹",在广西粤方言中有的说成"龙",有些地方的说法更为生动形象,说成"天龙""天龙食水""架笕""安龙"等。普通话中的"水淹了",在广西粤方言中常说成"水浸",有时会突出被动意味,说成"着水浸",个别地方也会说成"着水淹""挨水淹"。

广西粤方言的语法特点

量词的种类和使用方法与普通话存在差异。如贺州本地话(属勾漏片粤方言)中的量词"头",可称得上是"万能名量词"。普通话中的"一个人、一只蚊子、一只蚂蚁、一只狗、一条鱼",在贺州本地话中说成"一头人、一头蚊子、一头蚁子、一头狗、一头鱼"。

程度副词与普通话存在差异。普通话中的程度副词"很",在广西粤方言中常说成"好",如"很好"会说成"好好"。普通话中的"过于",在广西粤方言中常表示为"太过",如"过于担心"会说成"太过担心"。

否定副词与普通话差异明显。普通话中,否定副词"不"和"没"的用法是有区别的,如"她不想吃饭,她想吃水果""他没

去北京，他去了法国""我以前没做过，将来也不会做"等，这三句中的"不"和"没"是不能互换的，也不能都用"不"或都用"没"。但在广西粤方言中，都可用同一个否定副词"冇"。

语序存在与普通话不同的现象。普通话中的"公鸡、客人、干菜、要紧、整齐、夜宵、我先走"，这些词或短语在广西粤方言中常表述为"鸡公、人客、菜干、紧要、齐整、宵夜、我行先"。

量词可以直接与名词组合，作名词的定语。比如，广西粤方言中"朵"这个量词可以直接与名词"花"组合，普通话中"这（那）朵花真漂亮"在广西粤方言中可说成"朵花几靓"。

比较句与普通话存在差异。广西粤方言中比较句的表达与普通话存在差异，常常用比较标记"过"，如普通话中的"你比他高 / 你不比他高 / 牛比猪大得多 / 坐飞机比坐火车快"，在广西粤方言中常说成"你高过渠 / 你高冇过渠 / 牛大过猪好多 / 坐飞机快过坐火车"。

双宾句与普通话存在差异。普通话中动词后面若跟两个宾语，往往表示物体的那个宾语放在后面，但是广西粤方言中表示物体的宾语常紧跟在动词后面。也就是说，广西粤方言中动词后面的两个宾语的顺序与普通话不同，如普通话中的"我给你一支笔"，在广西粤方言中说成"我畀支笔你"。

广西粤方言中的文化内涵

　　语言是历史的活化石，作为一种非物质文化遗产，语言蕴含着丰富的文化信息。广西语言的丰富多样性，是广西多元文化的重要体现。透过广西粤方言中的各种语言事实，我们可以捕捉到极为丰富的历史文化和地域文化信息。在此，我们将通过举例的方式，运用讲述小故事的方法，从一些侧面揭示广西粤方言蕴含的丰富的文化内涵。

　　广西粤方言中的"新妇（儿媳妇）"。汉人的亲属关系大致一样，但各地对亲属的称谓却不甚相同，尤其是南北各地的方言，更显出差异。比如，对"儿子"的称谓，北方多称"儿"；南方的称谓则五花八门，如广州话的"仔（崽）"，闽方言的"囝"。又如，对"妻子"的称谓，北方一般称"媳妇"，长沙话称"堂客"等。广西粤方言中不少以"新妇"称呼儿媳妇，保留了古汉语的用法。用"新妇"称呼儿媳妇，始于汉朝。"妇初到者曰新妇"，这是"新妇"的原始意义，如《战国策·宋卫策》中"卫人迎新妇"，"新妇"大致相当于今天所言的"新娘子"。到了汉朝以后，逐渐用"新妇"来称呼儿媳妇，如《后汉书·列女传·周郁妻》：

"郁骄淫轻躁，多行无礼。郁父伟谓阿曰：'新妇贤者女，当以道
匡夫。郁之不改，新妇过也。'"在这里，周郁的父亲对儿媳妇说：
"媳妇，你是贤能者的女儿，你应该用德来帮助你的夫君。"成书
于魏晋南北朝时期的《世说新语》中也多有记载，如王浑妻仲氏
云："若使新妇得配参军，生儿故可不啻如比。""新妇"，顾名思
义，是"家中新来的妇人"，反映出汉族长期以来妻子到夫家落户
的婚姻制度。上海话称上门女婿为"逆舍女婿"，意思是跟一般的
女到男家逆向而行，从另一个侧面反映了汉族传统的婚姻制度。

　　广西粤方言中的"称父为兄（叔）""称母为姐（姊、嫂、
婶）"等"偏称"现象。在广西粤方言的亲属称谓中，存在着"偏
称"现象。如贺州本地话、北海白话中，存在管父亲叫"哥"或
"叔"，管母亲叫"嫂""姐"或"婶"，甚至存在在同胞兄弟姐妹
中，有的可直接称"父"或"母"，而有的则只能称父母为"兄、
嫂"或"叔、婶"的现象。汉语中称父为"兄"、称母为"姐、
姊"的现象古已有之。据文献记载，东汉、北齐时出现以"姐"
或"姊"称母，东晋时出现以"兄"称父的现象。还有文献记载
了李唐皇室以"兄"称父及父对子自称"兄"的现象。陈宗振先
生认为，"这些很可能都是汉族所受到的少数民族语言文化的影
响"，是"汉语受'胡族'语言、习俗的影响"。广西壮族也普遍
存在有意把父母与儿女的血缘关系拉远以利儿女成长的习俗。我
们认为，广西粤方言中的"偏称"现象亦为同样的习俗，基本上
都属于"以称补命"，其实质是一种避讳文化现象。

　　"热头落岭"与"热头落水"。广西粤方言大多称"太阳"为

"热头"。在贺州及梧州等地的粤方言中,"太阳下山"称"热头落岭"或"热头落山",而北海白话则说"热头落水"。这一日常用语的差异能反映出彼此地理风貌的差异:贺州、梧州等地区处内地,其地理环境的突出特点是多山,能看到太阳下山,故曰"热头落岭"或"热头落山";而北海三面环海,地势低平,人们能看到太阳从海平面升起,又从海平面沉下,故曰"热头落水"。同一自然现象在广西不同粤方言中的称述差异反映出不同的地域文化。

"猪肝"在广西粤方言中为何称"猪润"?"猪肝"在广西不少粤方言中称为"猪润",也有个别粤方言称为"猪湿"的,这是商业文化在粤方言常用词中的体现。因为"肝"和"干"同音,而"干"有钱包干瘪(没钱、无利润)的引申义,会给人带来不好的心理暗示,尤其是商业经营者,"利润"才是他们期待的,因此他们巧妙运用了"反义相训"的方法,将"猪肝"改称"猪润",其本质也是"趋利避损"的避讳文化心理在语言中的反映。相比较而言,地处商业中心、经商文化意识较强的城镇粤方言居民,他们几乎是不会称"猪肝"的,而地处偏远农村、经商文化意识较弱的粤方言居民,他们会直接称"猪肝"。

"猪舌头"为何称"猪脷(利)、猪脷(利)钱"?"猪舌头"在广西不少粤方言中称为"猪脷(利)、猪脷(利)钱",这是商业文化在粤方言常用词中的体现。因为"舌头"的"舌"与"蚀本"的"蚀"同音,人们听到"舌"这个音的时候难免会联想到"蚀本"的"蚀",而广西不少沿江粤方言的使用者是小商业经营者，他们当然最忌讳"蚀本"了，只要是口语中与"蚀"同音的字，他们都会比较敏感，心里也会比较抵触。更不用说从事猪肉买卖生意的人，他们不会说你买不买"猪舌"，而会说你买不买"猪脷（利）、猪脷（利）钱"，以图好兆头。即便是普通的老百姓，对"蚀本"大多也是介怀的。于是，同音替代的吉利的委婉语"猪脷（利）、猪脷（利）钱"应运而生，这是"趋利避损"的避讳文化心理使然。相比较而言，地处商业中心、经商文化意识较强的城镇粤方言居民，他们几乎是不会称"猪舌"的，而地处偏远农村、经商文化意识较弱的粤方言居民，他们中会出现使用"猪舌""猪口舌"的现象。

"猪血、牛血、鸡血、鸭血"为何称"猪红、牛红、鸡红、鸭红"？"猪血、牛血、鸡血、鸭血"在广西粤方言中称"猪红、牛红、鸡红、鸭红"，主要是"趋吉避凶"的避讳文化在粤方言中的体现。"猪血、牛血、鸡血、鸭血"因其富含铁元素、可以洗尘净肺而成为人们钟爱的食物之一，尤其是工作环境充满粉尘的职业工作者（比如教师），一般都会定期吃这类食物。在物资相对匮乏的年代，还曾出现定期给教师配"猪血""牛血"的现象。但由于"血"在人们的认知心理中，大多与"污秽、血腥"等不良心理感知密切相关，是人们所忌讳的，因此，充满智慧的老百姓就根据"血"的颜色（红色）重新命名，将"猪血、牛血、鸡血、鸭血"改称为"猪红、牛红、鸡红、鸭红"。而且，"红"还具有红红火火、兴旺发达的寓意，既可避"污秽、血腥"之讳，又能表期望兴旺发达之意，真乃一举两得。

　　"猪脚"为何称"猪手"？"猪脚"在广西部分粤方言中称"猪手"，如广西梧州（广府粤方言分布地）有道名菜叫作"白云猪手"，其主要食材就是"猪脚"。有人认为，这是拟人的叫法，将猪的"前腿"称为"猪手"，猪的"后腿"仍称"猪脚"。实则不然，将"猪脚"称为"猪手"的粤方言，一般都是不论"前腿""后腿"的，一并称为"猪手"。我们认为，将"猪脚"称为"猪手"是"趋雅避俗"，也是避讳文化在粤方言中的体现。众所周知，人与动物的脚都是着地的，在人们的认知心理中，"脚"有"脏、臭、污垢"等心理认知定式。将"猪脚"改称"猪手"，这些不良心理认知定式就会得以消除，让大快朵颐的食用者愉悦地享受美食。

　　"老人过生日"为何说成"出热头"？"老人过生日"在广西一些地区的粤方言中称为"出热头（出太阳）"，算是一种"隐语"，也是避讳文化心理的体现。在广西粤方言中，"太阳"大多说成"热头"，"生日"中的"日"就是"太阳"的意思，由于避讳文化心理的影响，"生日"就说成了"出热头"。广大的粤方言地区，一般都有不轻易透露老人生日（生辰）的习俗，这种民间习俗的理据是不让"阎王爷"或"众小鬼"知道老人的具体生辰，避免他们生乱作恶，是保佑老人平安康健、福寿绵长的重要手段之一。但是，子孙后代又希望能孝顺老人，给老人做寿。于是，智慧的老百姓就想出了两全其美的好办法，不直接称"老人过生日"，而是改称为"出热头"，这样可以让子孙后代得以尽孝，给老人庆贺生日，"阎王爷"或"众小鬼"也无法知悉具体是啥日子，就无法作恶了。关于粤方言区的"老人过生日"，还普遍存在另一种现象，那就是很多老人都不会在真正生日的那天过生日，一般都提前，其目的也是摆"迷魂阵"，以图平安吉利。

广西粤方言中存在不少有音无字的词语（有的现在通常写的是"俗字"，而非本字），其中不少应当是不同时期从广西各少数民族语言中借用过来的，反映广西粤方言与广西少数民族语言密切接触、相互交融的和谐语言生活历史与现状，是广西语言关系与民族关系和谐共生的重要体现。贺州本地话中有些词义写不出相应的字，但是表达这些词义的字音与广西大部分地区表达此词义的壮语词读音相近，如"背（小孩儿）"在贺州本地话中说成与普通话"骂"读音相近（只是声调有别）的一个音，广西壮语中表达此意义时的读音与其相近。表"紫色"义时，贺州本地话与广西壮语的读音均为与普通话"沤"音相近（只是声调有别）的音。类似的还有表达"不好、差""敷（药）""爬（小孩儿爬行）""骗、欺骗""多嘴（多指女人）""抛弃、丢掉""拌（液体）"等意义的词，均无法写出本字，但其读音与广西壮语的读音相近。

广西是一个多民族聚居的地区，汉族周边除有壮族外，还有其他一些世居的少数民族（如瑶族等），广西粤方言中也存在受瑶族语言等其他少数民族语言影响的语言现象。比如，贺州本地话中表"山坳""（身体上的）污垢""锄头""（蚊子）包""打（用棍棒击打）""提、拿""扔、摞""拈（用两三个指头撮取东西）""倒掉（东西）""关（起来）、圈（牛羊）""暗火闷烧""颤

（专指一上一下地颤动）""牵连""木头（腐朽、霉烂）"等意义时，其词语无法写出本字，但其所用词的读音与广西瑶族语言表达相应意义的词的读音非常接近。

"洗澡"为何称"冲凉、洗凉"？广西不少地区的粤方言中有一个常用词"冲凉"或"洗凉"，意即"洗澡"，但其意义又不完全等同于普通话中的"洗澡"。普通话的"洗澡"是指"洗去污垢的纯卫生性洗涤"，而广西大多粤方言区地处亚热带，夏日漫长，又湿又热，人们身上整天都是汗黏黏的，像裹了一层极不舒服的薄膜，因此，在夏季洗澡（很多人甚至都是洗冷水澡）已成为人们降温去暑的习惯性行为，有时甚至一日数浴，其主要目的更多在于"通过冲洗使身体凉快"，而非"洗去污垢的纯卫生性洗涤"，因而将"洗澡"这种行为称为"冲凉"或"洗凉"。"冲凉"或"洗凉"这样的命名，蕴含着广西粤方言地区的气候特征和人们的生活习惯，是地域文化和生活习俗在方言中的体现。

"冰棒"为何称"雪条"？"冰棒"在广西粤方言中基本都称为"雪条"，其中反映出来的"冰雪不分"现象同样也是地域文化中的地理因素在方言词语中的体现。众所周知，广西粤方言区大多处桂东南、桂南、桂西南等地，属亚热带季风气候，常年难以见到冰雪，以至于当地冰、雪概念并不分明，将"冰棒"称为"雪条"也在情理之中。

"冷水"为何说成"冻水"？贺州本地话将"冷水"说成"冻水"，"饭菜凉了"说成"饭菜冻了"。"冻"本来是指液体或含有水分的东西遇冷后凝固，如"水冻成了冰"，其所需的温度条

件一般是摄氏零度及零度以下。当北方人说"冻"的时候，表示冷的程度已相当深，而在广西不少粤方言地区，常年最低温度都在摄氏零度以上，在这种气候条件中，人们对"冷"和"冻"的温度体验是分不清的，因此常常将"冷、冻"混用。值得注意的是，"冷水、饭菜冷了、手脚冷"会称为"冻水、饭菜冻了、手脚冻"，但"天冷了"却不会说"天冻了"，仍说"天冷了"。

钦州白话中的"跳岭头""食岭头"。"跳岭头"是钦州某些地区古老的民俗祭祀舞蹈，是当地人民为了庆祝丰收时节所跳的舞蹈，所祀之神称为"太仓之神"（即大谷仓神），其神位多设在低矮的小山丘（当地称"岭头"）上，以大石头或大树作为神主，人们都集中在小山丘上祭祀、跳舞。祭祀结束后，还要摆宴席，宴请亲朋好友，这样的活动常常会持续两到三天，称为"食岭头"。这是民俗文化在广西粤方言词语中的体现。

为何"棺材"称"大屋、寿木"，"伞"说成"遮"，"中药"说成"水茶、茶"？广西不少地区的粤方言中将"棺材"称"大屋、寿木"，"伞"说成"遮"，"中药"说成"水茶、茶"，这都是人们为"趋吉"而采用的委婉说辞，也是避讳文化在粤方言中的体现。因为粤方言地区的人认为"棺材"与死亡密切相关，乃不吉利之物，所以改称带有吉利色彩的"大屋、寿木"；"伞"与"散"谐音，也有不吉之意，故改称"遮"；药物、疾病也是人们所忌讳的，所以不说"中药"，而说"水茶、茶"，去医院开一服中药说成"开单茶"，去药铺抓中药说成"执茶"，熬中药说成"煲水茶"。

　　"空屋"为何说"吉屋"？"空"与"凶"在普通话中读音不同，不会出现歧义，但在广西不少粤方言中"空"与"凶"同音，"空屋"听起来与"凶屋"无异，人们当然就忌讳了。于是，在玉林、钦州、北海、防城港等不少粤方言区，人们为了避讳，凡是带有"空"字的称谓，都运用"反义相训"之法，用"吉"字替代。比如，"空屋"称为"吉屋"，"空车"叫作"吉车"，"空手"改称"吉手"，这都属于文化禁忌现象。

　　"打风唔荡西，三日就翻归"的寓意。"打风唔荡西，三日就翻归"是广西沿海地区粤方言中的一句谚语，是老百姓对当地台风规律的一种总结，大意是"台风如果最后不往西去，三天后会再回来"，这也是地域文化（天象、气候因素）在方言中的体现。一般而言，台风刚开始从东北方向刮过来，然后向南转向，最后（即台风即将过去的时候）转向西北方向。如果台风最后不转向西北方向的话，这个台风就等于没有真正结束，数日后还会"卷土重来"。

　　"**儿""**仔""**佬""**婆""**鬼"等称谓词的文化内涵。广西粤方言中关于人的称谓词（别称）非常丰富，如"妹儿""牛儿""狗儿""妹仔""狗仔""牛仔""三八仔""百厌仔""靓仔""高佬""大口婆""悭鬼"等，其中蕴含着丰富的文化内涵。"儿、仔"在广西粤方言中普遍用于表小称，蕴含"小、可爱"等义，常用于昵称，表喜爱之情。比如，"妹儿""妹仔"指称小姑娘；"靓仔"本指英俊的小伙子，现在已泛化为对年轻小伙子的通称；"牛儿""狗儿""狗仔""牛仔"常用作男孩的小名。依照南方传统习俗，男孩在家中的地位是非常重要的，父母故意予以其贱称，以求他们无病无灾，健康成长，正如《广东通志·卷九十二·舆地略》所言："贵而故贱其名使易育曰狗仔。"广西粤方言中普遍存在的"牛儿""狗儿""狗仔""牛仔"等贱称，正是这种"贱其名使易育"的文化心理使然。"三八仔""百厌仔"的本义分别为"不够聪明的小男孩""淘气、惹人烦恼的小男孩"，但在实际运用中，常用于长辈对小辈的"嗔骂"，内含一种别样的喜爱之情。"高佬_{高个子}""大口婆_{爱乱许诺、爱吹牛的女人}""悭鬼_{吝啬的人}"中的"佬、婆、鬼"，则一般含有贬义色彩，多少带有不敬之意。

广西粤方言音频材料

梧州白话

扫码听音频

一托竹　一托竹，二托木，托到观音起大屋。大屋种冬瓜，细屋种枇杷。枇杷煲韭菜，一人一箸好行开。

氹氹转　氹氹转，菊花园。炒米饼，糯米糍。阿妈叫我睇龙船，我唔睇，我要睇鸡仔。鸡仔大，捉去卖。卖得几多钱？卖得三钱半，畀不了打金钗，畀不了打铜牌。金腰带，银腰带，叫你公公婆婆都来拜，拜得多，拜得快。

月光光　月光光，照地堂。年卅晚，摘槟榔。槟榔香，买子姜。子姜辣，买胡辣。胡辣苦，买猪肚。猪肚肥，买牛皮。牛皮薄，买菱角。菱角尖，买马鞭。马鞭长，起屋梁。屋梁高，买张刀。张刀连＝，买只船。船沉底，浸死两个番鬼仔！（说明：这里的"连＝"，其中的符号"＝"表示同音关系，意即与当地方言中的"连"同音，本字尚待考证。下文同）

白鹤仙女　下面我继续说一个有关白鹤仙女的故事。在梧州鸳鸯江旁，有一座山叫鹤冈，冈上清幽秀丽、古木参天、四季繁

花似锦、百鸟争鸣，原来，此冈曾是仙鹤幽居的地方。在鹤冈藏有一颗红宝珠，这颗红宝珠乃是稀世奇宝，若将红宝珠放在江河里，就可以引来四海河仙，渔民若得到此珠，就可以网网都有鱼，网网都丰收，但是鹤冈上有神蛇神虎护山，保住这颗珠。人们因害怕这些神蛇神虎，担心因此而受到伤害，故而不敢上山寻宝。

有个青年渔民叫黄亮，他为了众渔民的幸福，便决心冒险上鹤冈寻红宝珠。黄亮机智地避过了神蛇神虎，终于到达山冈。他意外地遇见了白鹤仙女云姑。原来，云姑就是那只曾被弓箭射伤而经黄亮救治过的白鹤的化身，如今在山冈相遇真是有缘分啊！白鹤仙女云姑很感激黄亮的救治之恩，更敬重他的好人品，愿与黄亮结为终身伴侣。黄亮一听很惊讶，他对云姑说："我上山冈来不是为了与你结为伴侣，而是为了寻红宝珠，想帮助渔民多打些鱼。那你知不知道红宝珠藏在哪里？"云姑说，红宝珠就在她手中，她很乐意为众渔民效劳。黄亮大喜，带云姑回到渔船上。从此，江上众渔民有了白鹤仙女的红宝珠帮助，捕鱼果然网网不落空，天天都收获很多鱼，渔民生活得到了很大的改善，大家都非常感激白鹤仙女云姑。

后来，这颗红宝珠被当地一个渔霸抢走，白鹤仙女云姑在严惩渔霸时，红宝珠跌落在鸳鸯江畔的一座山，这座山就是现在的珠投岭。直到如今，在鸳鸯江上，有的渔民还模仿当年白鹤仙女云姑的红宝珠捕鱼方法，用灯光来诱捕鱼群。

为了纪念白鹤仙女云姑大方地把红宝珠送给渔民，人们在现在的白鹤山脚建了一座白鹤观，来纪念白鹤仙女云姑。所以说，凡是做好事善事的，大家都会纪念他。

平南大安白话

扫码听音频

月光娇　月光娇，照地塘，照见广东人打塘，打得鲤鱼砧板大。公食头，婆食尾，留剩中央给奴婢，奴婢嫌少，挂上竹表。

月光娇　月光娇，照地塘。年卅晚，摘槟榔。槟榔香，嫁二娘，二娘头发未曾长。再过两年梳大髻，日日月月计心□。

点脚乒乓　点脚乒乓，南水南山。火镰种竹，白马行桥，桥儿□□摇摇晃晃、动的意思。一托竹，二托木，托到江边起大屋。大屋种金瓜，屋儿种油麻，油麻会开花。嫁妹落疍家，疍家会捞鱼。嫁蟾蜍，蟾蜍着一身籍。嫁塘突，塘突着火烧。嫁辣椒，辣椒着人煮。嫁老鼠，老鼠会□谷。嫁百足，百足会咬人。嫁六陈，六陈饮酒醉，□埋猫儿平排睡。

大安的由来　大家好，现在我讲一讲大安的方方面面。首先，我要说"大安"的由来。大安以前不叫"大安"，现在叫作"大安"。大安在宋朝时叫作"大乌"。为什么叫作"大乌"呢？宋朝时，这里有几户人家，前面是一棵大乌树，正因为这棵大乌树，大家都把这个地方叫作"大乌"。明末时期，大乌这里经济繁荣，文化发展较快，人们觉得"大乌"这个名字不够文雅，跟不上时代，将"大乌"改成了"大安"，即大家安居乐业。大安从地理位置上来讲非常好，东边是新客河，北边是白沙河，白沙河从大安的西边流到北边，刚好把大安圩紧紧地环抱着。生活，"活"字中有三点水，有水才有生活。大安人的生活都是靠这两条河。正是这两条河，大安人才能更好地发展。

大安粤曲　　大安粤曲起源于明末清初，大安被自治区文化厅评为粤曲之乡。下面我唱两段。

《血染桃花扇》

"铅华净洗我独守在楼房，花朝月夜念忆前尘旧况，可恨风雨摧花，逼散鸾凰，好景难长，侯郎远逃得脱魔掌，遗下我多凄怆。

"香君你用情勿太枉，他纵使多情亦会变心肠。

"他有此定情宫纱扇，表渠心不变，有诗题扇上，重印在我心上。

"今日相府人马势难挡，花轿临门将你抢。

"难将我抢，白银三百难买我铁石心肠。

"矮檐之下要低头，柳巷烟花人共赏，哪怕再为冯妇，万事有我帮忙。

"蒙你好帮忙，我誓难上当，当初你牵线得嫁侯郎，两相爱，誓不变，共举梁鸿案，岂料露花烟雨，逐散鸳鸯。

"青楼里，假欢笑，真情爱，有几多个？他远走他方，恩爱付与春江。

"我不是水性杨花，他亦非薄幸无情汉。

"罢罢罢——我唯有碰壁毁容，以表我心无别向。

"但见鲜血点点似桃花，洒在白绫扇上。待我添成枝叶，为渠寄赠侯郎。"

《花好月圆》

"感君爱恋。

"夫妻恩情重永相连。

"妻你待郎心一片。

"心爱娇贤良善。

"我又敬郎你莫辞谦，此杯香茶味似糖甜。

"生疑念，生疑念！此身如在龙宫殿，与龙君高宴饮琼筵。宫主多情将酒献，此情此景，今日如在目前。生疑念，生疑念！此身如在龙宫殿，与龙君欢宴饮琼筵。宫主多情将酒献，此情此景，今日如在目前。

"玉莲□□见面，即在宫前□□圈。同心共誓永相恋。真是喜正旧梦圆，非前世。你果真洞庭龙女，对我情比金坚。玉莲□□见面，即在宫前□□圈。同心共誓永相恋。真系喜正旧梦圆，非前世。你果真洞庭龙女，对我情比金坚。"

南宁白话

扫码听音频

公鸡仔 公鸡仔，尾弯弯，做人新妇实在难，朝早起身还嫌晏，夜晚又挨纳花鞋。

点脚乒乓 点脚乒乓，牛踩过牛坑，牛坑冇打鼓，白马就冇行桥，车铃车吟叮，车着阿姆就第一名。

二叔公 二叔公，吹火筒。买碌蔗，又生虫。买只饼，又烧煀^{穿窿}。买只糍粑□_粘喉咙。

龙船扒过社 龙船扒过社，望见狗食夜。龙船扒过东，望见狗汪汪。

两公婆 两公婆，打陀螺，打冇转，卖老婆。

老婆哭　老婆哭□□，老公扯□□。

波波车　波波车，嫁姑爷。嫁边个？嫁麻鳖。几时嫁？昨晚夜。

阿妹妹　阿妹妹，同狗睡。狗濑尿，濑阿妹。阿妹哭，狗煲粥。阿妹病，狗算命。阿妹死，狗烧纸。

月光光　月光光，照地堂。买乜嘢？买槟榔。槟榔甜，槟榔香，就嫁姨娘。姨娘头发未曾长，过得几年梳大髻，滴滴哒哒娶翻归。

咸鱼头　咸鱼头，咸鱼尾，边个大食就系你。

番鬼佬　番鬼佬，捉黄鳝，就见就冇见。

肥婆肥冬瓜　肥婆肥冬瓜，生崽生轮打。生得十二只，只只有尾巴。

歇后语　盲佬食水圆——心中有数

火烧棺材——大叹

生水芋头——神神嘅

阿跛托蔗——死顶

太公婆濑尿——鬼见

神台猫尿——神憎鬼厌

泥菩萨过河——自身难保

湿水棉花——冇得弹

龙船节　农历五月初五是端午节，因为端午节一定会划龙舟，所以我们又将其称为"龙船节"。南宁划龙舟一直以来都是在邕江上举行的，从铁桥下面开始，一直划到亭子，有十几里路远。

到了 1964 年，邕江大桥修好后，为了方便颁奖仪式的举行，就改成从铁桥划到邕江大桥。以前划龙舟，一般都是在水上工作的相关企业和沿着邕江居住的生产队组织来参加的，比如说有沙石社、沙石公司、航运局、沙站公社、上尧公社等组队来参加。划龙舟是分男女的，一般都是十几个人划一条船。以前基本上都是沙石社或沙石公司得第一名，因为他们平时就是在水上工作，整天都划船。那时候，划龙舟第一名的奖励是一头烧猪。这头烧猪呢，还绑着红绳，戴着一朵红花。

南宁人都很喜欢看划龙舟。一到划龙舟那天，一大早，大多数都是全家人出动，老老少少就近去到邕江两岸找地方等着看。

三沓石的故事（节选） 邕江南岸亭子圩外面，有三块像塔一样叠起来的石头，它就是南宁有名的三沓石，现在四十岁以上的南宁人都知道。有关它的来历，有这样一个故事。从前邕州城三街坊，就是现在博爱街那一带，有一个很清贫、很文弱的书生，叫作阿育。阿育的父母双亡，生活没有着落，他只好跟着一帮脚夫，给一个盐商去北海挑盐回来赚钱过日子。有一天，他们从北海挑盐回来，天气非常热，盐商就督促大家赶快回南宁。走到半路，好不容易盐商才答应让大家休息了一会儿，大家发现了一眼细沙井。这井水很清，每个人都拼命去喝，连盐商老板都大力赞叹："哎呀，这井水真是甜啊！"就在这个时候，有一个脚夫发现阿育不见了，大家都赶紧起来，担心这个文弱书生撑不住半路出什么事。但是盐商老板才不管阿育，他担心的是阿育挑的盐，就算阿育死了，他都没有什么可惜的。盐商老板看见天色不早了，就催大家赶路，不等阿育了。正在这个时候，老板看见沙井旁边有一头不知名的野兽的死尸，他顺脚就把它踢进井里去了，还恶狠狠地说一句："我就是要治一下这个像懒虫一样的阿育，让他连口水都没得喝。"

再提到这个文弱书生阿育，挑着重担，怎么能和这帮脚夫比呢？他好不容易才挑着担子来到之前大家休息的地方，想去细沙井那里弄点水来喝。突然他看见井水又脏又臭，仔细一看，看见井底有一头动物的死尸。但是阿育已经渴得喉咙冒烟了，实在支撑不住了，就不管三七二十一，捧起水就喝，"咕噜咕噜"连喝了几口。没过一会儿，他就昏头昏脑地像瘫了一样在井边睡着了。等他醒过来时，只听见乌鸦声一阵一阵传过来，太阳也快落山了。他看看周围，前不着村后不着店，阿育连声叹气道："惨啊，惨啊！"他很快爬起来，摸摸挑了一天的肩膀，哎呀，奇怪哦，本来红肿肿的肩膀肿全部消了。他再摸摸腿肚子，一点都不疼了。他再伸伸腰身，好像脱胎换骨那样，全身都是力气。阿育以为是睡了一觉的缘故，也没多想，挑起这担盐就快点赶路。真是奇怪，以前非常重的百来斤的盐担子，现在挑着感觉很轻，走起路来两脚生风。阿育意识到是得到了神人相助，他赶快放下盐担子，向东边跪下来，连拜了几拜，重新挑起盐担子就走了。当他赶到邕州的时候，天还没有黑，城门都还没有关。

第二天早上，阿育就到城门口去等他们那帮伙计了。一直等到傍晚，才看见那帮脚夫挑着盐担子回来。这个老板就跟在后面，虽然什么都没挑，但也累得气喘吁吁。他看见阿育很悠闲地坐在城门下面，觉得很奇怪，他大声喊："阿育，你为什么这么快就回来了？八成是你半路卖了我的那担盐，买了匹马骑回来的，你这个坏家伙，快点把那担盐还给我。"阿育说："盐？哦，我昨晚就挑到你的店铺去了，我现在是等你来给我工钱的。"大家都不相信，都说阿育在讲笑话，这个老板更加认为阿育在吹牛，又说："你讲梦话吧，昨天晚上我们连夜赶路，走到现在才到，你这是在骗三岁的小孩子，都没有人信。"阿育说："信不信由你，不讲那么多了，你快点把工钱给我，我今天还要去北海挑盐，赶一个来回。"盐商老板哪里会信阿育的话，他就心生一计，说："阿育你要是真的有力气，敢和我打个赌吗？"阿育笑一笑："你想赌什么？"

桂平白话

扫码听音频

月光光 月光光，照地堂。拗竹笋，摘槟榔。槟榔香，买子姜。子姜辣，买蒲辣。蒲辣□，得隆咚咚。

落雨大 落雨大，水浸街，阿爸担柴上街卖，阿妈□屋绣花鞋，花鞋花鞋花腰带。

落大雨 落大雨，吹大风，虾儿鱼儿嫁老公。

西山官桥坑 说到桂平必然会谈及西山。记得小时候我第一次跟爸爸上西山，当时我非常害怕，因为西山上面有几个庙堂很有煞气，一个是下寺，另一个是上寺。这些庙堂以前没有维修，年岁一久，就显得很陈旧。现在回头想想觉得那里阴气沉沉，看到庙堂里面的菩萨，就觉得有点害怕。特别是上寺，上面有四大金刚，各个虎视眈眈，让人敬畏。西山是佛教的圣地。一说到西山就不得不提桂平的西山八景，我先说第一景。第一景叫作官桥坑。说到官桥坑，我就想起小时候，每年跟妈妈和妹妹去官桥坑洗衣服、蚊帐、被子。官桥坑的水很清凉，我们拿衣裤去那里洗。我们几个小孩在旁边观赏草，抓蝴蝶玩。我妈妈就在那里洗衣服，我和妹妹帮妈妈把衣服拧干。我们几个就负责把衣服摊开，拿到旁边的石头上面去晒。至于被子和蚊帐，我妈妈把它们挂在那些比较大的树杈上面晒，这样子晒干了拿回家就没有那么重，家里也没有那么多地方晒。这个地方为什么取名官桥坑呢？有两个原因，第一个原因是，这座桥是官府出钱修的，修得很宏伟、很漂亮；第二个原因是，西山是佛教圣地，有人会上来拜佛，文武官员来到这里，都要下马，然后从桥上面走过去，所以就称为官桥坑。官桥坑旁边有一个亭，叫作秋柳亭。为什么叫作秋柳亭呢？因为过去旁边都没有其他树木，只有三四棵柳树，到了秋天万物凋谢，草也没有，那几棵树的树叶掉落下来成为一道风景，所以呢，又称为秋柳亭，此处也被叫作官桥秋柳。

崇左白话

扫码听音频

归龙斜塔　我来说一下我们崇左归龙斜塔的故事。归龙斜塔确实有一段离奇的故事。怎么说呢？整条左江这么长，这个斜塔偏偏在我们崇左，这里面有一段离奇的故事。根据这里老人的讲法，以前没有修这个塔的时候，在我们崇左斜塔这个江湾，水流特别急，水特别深，以前我们的先人出行都靠船啊、木排啊，没有像现在这样这么先进的交通工具。所以说，这个地方被叫作"鬼门关"，但是没有办法。

听老人们讲，后来出了一个神仙。这个神仙为我们老百姓着想，就劈了一边的山倒下去，即移半边山下去填这个江湾。填了这个江湾后，再在这个石顶上做了一个镇妖塔。修这个塔很不容易，因为这个石头与我们平时所见的石头不同，这个石头又尖又细，所以老一辈人都说这是神仙才能做到的。后来呢，修建这个塔的时候就召集了几十个工人，每一天吃饭的时候就像少了一个人没有吃，这就奇怪啊。这些人以为这个人是有事回去了，后来才知道这个人是神仙。所以说，这个塔修起来后就不是直的，而是斜的。说起这个斜塔呢，到现在为止，科学都无法解释这个谜。因为我们现在修房子也好，建大楼也好，无论建什么，都是按照标准来测量的，偏离一点都不行。这个塔呢好像有十七八米高，从底部到顶部就偏差了一米。所以大家说，这个奇怪哦。

自从修建了这个塔以后，这里的灾难就少了很多。每一年涨大水的时候，经过这条江时这些船只就不一定非要经过这个江湾了，就只要转一个小小的弯，就可以躲过灾难了。后来，直到近代，才有了机帆船。但是呢，这个塔存在了至少有几百年，经历了很多风风雨雨，一直都完好无损。这样到了30年前，我们开始开发旅游了，这个斜塔就被我们重视起来了，好多人开始去这里旅游。这个塔是一个两层结构的塔，中间是空的，有楼梯，一直转，就能转到塔顶。所以说，当时建造不简单啊。也有很多游客来看，觉得很奇怪，觉得这个塔很有研究价值。以前呢，在塔顶还有四个大钟，是什么样的钟呢？这个钟是用铜做成的，挂在塔的四个角上，每逢遇到大水时，风起时，特别是大风的时候，这些铜钟就响，有响声就相当于我们现在说的报警了。但是呢，很多年过去了，这几个铜钟不见了，可能是时间久了钩断了，这个就没有办法去考证了。

自从 30 年前旅游兴起，我们崇左的这个斜塔好像列入了世界第九名（指该塔被誉为"世界八大斜塔"之一）。政府为了保护斜塔，也拨了很多钱来巩固、修筑这个塔。前几年，在塔的旁边修了几间房子，供旅游的人来参观、考古。自从这个塔出名后，现在我们崇左的旅游业比以前兴旺了很多，以前是没有的。我们小时候读书的时候，每年放暑假时经常去这个塔玩耍。不过当时没有船，我们当时也不怕死，经常游过去玩。我们经常游到塔那边去，并爬上塔。所以，有一些人看到了觉得我们确实调皮得很。那里的水特别深，可能是整个左江最深的水域。这里的鱼非常大、非常美味，来这里钓鱼的人很多。因为这个塔前后有两个大沙滩，河水少的时候，也就是说不是雨季的时候，这两个大沙滩起码有一公里那么长，现在也是旅游点。前两年，我从南宁来的朋友，他们亲身经历过。怎么说呢？我们是白天去塔那里玩耍，但是他们呢，白天在塔那里玩耍，晚上就在沙滩露营，这个叫作"野游"。我们崇左人跟不上他们。但是呢，南宁市的人或者其他外地人，查找这块地方的相关信息主要是在网上看的，网上讲这里非常好玩。

这个塔上面一公里处，之前讲的那个神仙劈了一座山，实际上只劈了半边，所以还留有半边，就是在我们崇左这里得一个名叫半边山。先从上游往下来到半边山，再往下来到斜塔。我们的崇左斜塔，大概就是这样得来的。这个斜塔的前身还有一个名字，原来不叫斜塔，叫作归龙塔。为什么叫作归龙塔呢？因为这里几百年前，也不知道是先有村还是先有这个塔。这个村是个自然屯，叫作归龙村。根据这个名称应该是先有村，这个塔修建好后，原名就叫作归龙塔。

我还记得，归龙塔的上游还有一个旱宝塔。旱宝塔是以前太平镇上不知是什么朝代，反正我们说是当时的一个土皇帝修建的。这个旱宝塔是在岸上的，归龙塔是在水中间的，所以有两个塔。这个旱宝塔也不知道有多少年的历史，但是到了1958年大搞炼钢铁，要砖头，我们崇左在一九五几年时连个砖窑都没有，所以就把旱宝塔拆了去炼钢铁了。旱宝塔现在就没有了，连一点痕迹都没有了。但是现在这几年崇左的居民自发凑钱，就在旱宝塔的位置那里修建了两座简易的寺庙（庙堂），是为了纪念旱宝塔。所以说，历史文物是值得重视的。

归龙村自从有了归龙塔以后，以前每年这里的船、木排等，快要经过这个塔的时候，就要杀狗祭祀，相当于给龙吃。传说这个塔下面有条龙，将狗给这条龙吃了才能经过。如果水特别大的时候，他们可以经过这个小江湾；如果水不大不小的时候，他们还是只能过这个大江湾。要经过大江湾呢，就一定要杀狗。杀狗烧香，祭拜完，他们才能慢慢地过去。所有说有这么一个传说。

平果白话

扫码听音频

观音庙　下面我给大家讲一讲我们村的观音庙。观音庙建于

清朝中后期。它位于右江边，是一个有名的被称为"莲花地"的好地方。这个地方四面很平整，一面靠江边，另一面在河岸上，就好像一朵莲花在池塘里盛开的样子。这里地理位置也很好，看起来就像一朵莲花那样，所以这里被称为"莲花地"。前前后后，还有很多人来这里看过，比如说桂林的和尚、江西的和尚，看过之后，他们每个人都伸出大拇指，称赞："哦哟，真是名不虚传，果然是一块风水宝地。"这块风水宝地好像是几百年前就被我们山心村的父老乡亲发现了。虽然这里离村庄有两公里远，但是每次逢年过节的，就有很多人来这里烧香、拜佛。

这座观音庙前后建了三次。最开始的时候修建得比较简陋，后来慢慢地一次比一次建得好，最后一次建得更加雄伟了。那么这些钱是从哪里来的呢？这些钱是一些大老板、当地的群众自发捐献得来的。比如说黄华军，一个人就捐了十万元。他是什么人呢？他非常有钱，听说他还给泰国、缅甸这些国家捐过几十万呢。他这个老板在很多方面都很讲究，也非常大方。还有一个人叫作李复平，他也捐了六七万。他是什么人呢？他母亲是我们山心村的，嫁到了果化镇，她就变成果化镇的人了。李复平是她的小孩子，这样呢，李复平就成了我们山心村的外甥。还有一个是我们本村的，叫作李永娟。她捐的钱也不少，有六七万，每一次建学校、建庙堂，她都会捐很多钱。这三个人，比如说正月初七啊、搞庙会活动啊，他们都捐钱，尤其是黄华军，每年的正月初七，他都至少捐两三万。

每一年的（农历）二月十九就是观音的诞辰，我们本地将其称为"观音诞"。每一年的"观音诞"基本上都是在农历二月十九，都会举办庙会。举办庙会的时候非常隆重，还要请来道士，搞两天两夜。这样，当老板的、在外面打工的、在外面为山心村作贡献的，这些人都会一起回来，庆祝这一天的到来。尤其是那个乡贤农先生，特别不简单啊。建这座观音庙，他一手策划，一手测量画图，他还说："你有多少钱，我就画多大的图纸。如果你有两三万的钱，我就可以出两三万的规划图。"这个农先生还有这么大的能力，他特别能干，虽然已经退休十几年了，但是他对山心村的这些公益事业、这些活动、帮助山心村的发展规划，他都是有很大贡献的。他动员我们全村捐款来修建山岭，建了一个红七军伏击战的纪念区。这些都是他的功劳。还有那个岑侯庙建成了以后，这个农先生的付出也不少，不得了啊。我还记得，在2012年11月29日上午，我们村怎样呢？就敲锣打鼓、舞龙舞狮，喜气洋洋的，来庆祝我们的这个岑侯庙复修的成功。岑侯庙落成了，这些外面打工的同志也都回来，大家一起庆祝。

钦州白话

扫码听音频

晕晕转　晕晕转，菊花园，阿妈揾我睇龙船。龙船冇好睇，睇鸡仔。鸡仔大，担去卖。卖得几多钱？三百六十钱。一百打金钗，二百打银牌。金腰带，银腰带，公公婆婆出来拜。拜得多，冇奈何，一对鸡，两对鹅，担去江边等外婆。外婆冇在屋，担去等三叔。三叔骑白马，三婶骑冬瓜。冬瓜跌落塘，拾到一只大槟

榔。槟榔香，嫁姨娘，姨娘头发没得长。过多两年梳只髻，滴滴哒哒娶返归。

三娘湾的由来　我们钦州有一个叫三娘湾的地方。它地处北部湾沿海，位于钦州市南面犀牛脚镇。为什么叫作三娘湾呢？三娘湾的得名是因为有三个当时很年轻、很漂亮又勤劳勇敢的姑娘，她们分别嫁给了三个年轻的小伙子。他们都是当地的渔民，他们很勤劳、很勇敢。刚开始呢，没有船出海，这三个小伙子就讨论去哪里抓鱼，他们都一起去，他们三个相处得很融洽。因为他们勤劳又勤俭，所以积攒了很多钱，盖了新房，又增添了很多家具，做了很多新网，还做了一个在当时很大的木船，准备出海捕鱼。他们三个人经常在一起抓鱼，生活过得越来越好，周围的渔民都夸赞他们勤劳勇敢，日子过得一天比一天好。但是有一天，正当他们出海的时候，碰到了暴风雨突然袭击。那个时候没有什么电台广播可以预报暴风雨的到来，他们一旦碰到，木船就会被风浪打翻。木船一旦被打翻，他们就回不来了。他们三个人的老婆，就是前面提到的三个年轻美貌、勤劳勇敢的姑娘，看到自己老公没回来，就相互问："你看到我的丈夫回来了吗？"但是得到的回答都是没看见。她们每天都在等，去到她们丈夫出海的地方守候了很多天，然后她们就出发去找自己的丈夫了。一开始从沙滩出发，越走越深，一直走到淹没头的地方。但因为她们是渔民，大家都会游泳，一开始游得很远，但是到了后面越来越没力气，她们就沉了下去，结果三个都葬送在大海里。在她们被淹没之后，村民们说有三块大石头飞到现在三娘湾所在的地方，就一直待在这里了。这些渔民看到大石头下来，就说这是那三个姑娘变的，说她们已经变成神仙，飞到天上了。从此，渔民每当到了拜神的日子，都把三块石头当作那三个姑娘来祭拜。一直传到现在，所以就有了三娘湾。这里的风景很迷人，到这里可以看到一望无际的大海，还有海田。（海田）有白的，有灰的，等等。（渔民）经常来三娘湾是为了看三娘。很多游客坐船出海看海田。在三娘湾一带建的渔村，非常漂亮。如果你想看看那三块飞来之石，就可以来三娘湾。

廉州白话

扫码听音频

黄鹤楼送孟浩然之广陵 下面我用廉州山歌来演唱两首古诗。第一首是唐朝李白写的《黄鹤楼送孟浩然之广陵》："故人西辞黄鹤楼，烟花三月下扬州。孤帆远影碧空尽，唯见长江天际流。"

泊船瓜洲 第二首是宋朝王安石写的《泊船瓜洲》："京口瓜洲一水间，钟山只隔数重山。春风又绿江南岸，明月何时照我还？"

出塞 下面两首是用老杨公的撑船小调演唱的唐诗。第一首是唐朝王昌龄写的，题目是《出塞》："秦时明月汉时关，万里长征人未还。但使龙城飞将在，不教胡马度阴山。"

回乡偶书 第二首是唐朝贺知章写的，题目是《回乡偶书》："少小离家老大回，乡音无改鬓毛衰。儿童相见不相识，笑问客从何处来。"

船歌（渡口接亲） 下面我为大家演唱一首由余居贤写词作曲的合浦老杨公的撑船调，题目是《渡口接亲》："撑船棹船棹挨那边转，棹挨那边转，棹挨那边转，棹挨那边转，你妹呀，稳稳坐，雅致，哎又唱又棹几精神，雅致，哎又唱又棹几精神啰，妹妹哟，你哥呀。哎呀撑船哎呀棹船，一棹棹挨那边上，你妹呀，哎哎哟游，哎哟游，那边有只大码头，雅致，嘿船来船又往。棹呀撑呀，棹呀撑呀，棹呀撑呀，棹呀撑呀，珍珠湾水清又清，撑渡棹船忙不停，迎着海风流热汗哪，情恩呢呢哎呀呢哎呀，渡口接亲渡口接亲真高兴啰，喜庆庆。棹呀撑呀，棹呀撑呀，棹呀撑呀，棹呀撑呀，情恩呢。哎！珠乡是个好地方啊，山清水秀美名扬，人杰地灵物产丰富啰，幸福歌声日日唱。"

老杨公的故事 "老杨公"是廉州地方的一种民间曲艺。根据 1931 年修的《合浦县志》记载，从清朝开始，"老杨公"就在合浦、北海、钦州等讲"廉州话"的地区广为流传，至今已有几百年历史。"老杨公"源自中原古老的宗教歌舞鼻祖"傩舞"，前身是"驱鬼逐疫"和"祭祀"并存的宗教仪式"大傩"。

民间曲艺"老杨公"取材于一个神话故事，传说有一个叫蔡九娘的仙姑因为动了凡心，被玉皇大帝贬下凡间受苦，降生于水潮院，被卖给财主王国清为媳，受尽了百般磨难，仙姑不堪折磨，在一个五更天逃了出来，被一条江挡住了去路。仙姑想投江自杀，幸遇南海观音老母化身为歪嘴驼背的老杨公撑渡搭救，仙姑才能脱离苦海，逃到南山，过上了幸福的生活。"老杨公"演绎的故事都发生在渡船上，"老杨公"用逗趣的方式对仙姑进行了试探，并对仙姑指点迷津。"老杨公"唱腔上分为撑船调、棹船调、东海歌、西海歌、顺口溜等地方的传统曲调。很多动作都具有情趣，比如撑船、棹船、正船、耍花楼等动作，唱词采用廉州方言，当地的庙庆等喜庆的日子都可以看到"老杨公"的身影。

根据古代资料的记载，中原古代的"傩舞"是"老杨公"的源头。它的歌舞形式活跃在东汉至明清时期，而戏曲艺术定型并盛行在明清时期。后来被"耍花楼"取代，渐渐地就往说唱的方向发展，形成了崭新的民间曲艺。"老杨公"以固定的曲牌进行演唱和对唱，神头曲牌都由海歌和小调构成。主体由东海歌、西海歌、撑船歌、棹船歌组成。此外，还有"大堂歌""犯仙调""西江月""判家档"等辅唱曲牌。

玉林白话

扫码听音频

玉林节日习俗　"我们这里一年中最早的节日是春节。在玉林，春节最主要有白馓、炒米、饼这三种食物。""白馓最普遍，炒米不是太普遍。""最有玉林特色的一个是白馓，一个是茶泡。""茶泡也是玉林的一种特产，但是不是每家都做得起。这个饼呢、炒米呢，就有很多人会做。白馓呢，几乎家家户户都做。吃白馓很普遍，饼呢有很多人不做。""不是吧，饼是放些米磨碎煮熟的，晾干后就硬了，就是那个饼。""反正我家从来没有做过。""你家不做啊，我们小时候年年都做的。""白馓、炒米有做过。""炒米做得少了，饼年年做，白馓年年做。""我从来没看见我家做过。""怪不得，这里过年时有很多卖的，这个饼、炒米、白馓都有。""做饼不是玉林的，就是说玉林的咯，我不管全世界做没做，就是玉林做什么就什么。"

"我认为玉林过年最有代表性的就是这个白馓，第二个就是茶泡。作为玉林过年的一种特产，很多人都做。""茶泡不一定是过年做的，平时都有做，平时你喝酒一定有茶泡吃的。""现在也有做白馓的，这样白馓都不算数了。""我讲的是过去，过去有钱人喝酒吃的食物，就有茶泡，茶泡不一定过年才做。""要是这样的话，只有白馓，其他都不用提了。这在玉林是比较特别的，在其他地方我就没有见过，我在北京待过几年，确实没有看见过白馓。饼也就是讲吃什么饼。""谁和你说饼呢。饼什么时候没有卖的。""白馓，春节做的是大个的，平时小小的你见过吗？吃过吗？""只能够说白馓，其他的饼都不算数，只有玉林的比较特殊。"

"过了春节就到清明了吧？""元灯啊，我们以前这里不是讲元宵的，以前我们不讲元宵，元宵是新的名字。以前叫作元灯节呢，就是挂灯挂到最后一天，叫作元灯节，也不一定是到正月十五、十六。""不一定是正月十五、十六啊？""是啊，它有日子的，一年不同一年。""据我所知，不是十五，就是十六。""每年都是正月十六吗？""是的，生了男孩子的就要挂灯，一个是大厅里挂灯，一个是厨房里挂灯，到了那天就可以收起来烧掉了。""固定是正月十六啊？""我记得是的，你碰见过我们玉林……反正对于我，我年年都是，也讲元宵节，一定是正月十五，我们玉林就是正月十六。你见过过正月十五的吗？这么多年你……""没见过。""连正月十六你都不过，这个不是普遍的节日。""过肯定要过，就看热闹不热闹。大多数元灯节都要供香，杀鸡杀鸭来供香。正月十五不一定杀鸡杀鸭，正月十六杀鸡杀鸭，这才叫过节。"

"过了元灯节就到清明了，我们一般杀只鸡到墓地里去供供，去社头、茶门等地。清明节主要是杀鸡，不做其他的东西。过清明之后就到了端午节，端午节我们以前没有包粽子的习惯。""没有，没有！我们是冬至包粽子。""我们端午节是做门头铺。门头铺，听说过吗？""门头铺啊……""过端午节你肯定要有所表示，除了杀鸡杀鸭，大多数就是做门头铺吃，包子也不做。""门头铺这个名字我听过，但是什么样子我没有看到过。""实际上就是糯米铺。糯米铺中间放点馅，多数是咸的，甜的也有。""我知道的做米铺的一个是米粽，一个是包子，米头店、菜包店都有。""有的都是包子，包子比较多。""是啊！""家家户户都会做发包，是用粘米粉做的。""米头铺是用糯米粉做的，现在在工农兵那里喝茶也有。""玉林这里呢差别很大，有的地方做，有的地方是凉包，没有一个做得特别好的地方。""凉包的话现在也有卖，包子就很少做了。""以前很少有面条吃。""就是一点点的面，一片片的面在以前就是上等的啦，每年呢……我的经历是春节前卖包子、面条，用几层纸包着放在灶旁边用烟熏，有客人来或是春节才有点面吃，吃面是很稀罕的。""以前我们吃早饭不是很讲究吧？是不是每天早上都有吃的？""在我们农村来说，一日三餐叫作'吃朝、吃中、吃夜'，吃朝是上午九点到十点，吃中是中午十二点到下午一点，吃夜是下午五六点，农忙的时候晚一点，有时是七

点以后。""现在一般不讲吃午饭。""连我们读书的时候都不吃午饭，有钱就吃早餐，没钱就吃两餐。""吃早餐是从读书开始的。"

"然后就是七月十四，叫作鬼节。这个节不像清明节那样到墓地去上供，而是在家上供。""对。""请回来家里吃，也要杀鸡杀鸭。""也做米头铺，因为早稻已经收割了，也是一般杀鸭子比较多点。"

"到了八月十五，月饼就是唯一的食品了。""我们小时候一般都不过。""过，我们都过，八月十五供月亮。""据我所知，以前很少供月亮，很少过这个节的，不杀鸡又不杀鸭。""以前没有钱买月饼，因为穷，解放前我们供月亮，大家集中在一起供月亮。"

"冬至最简单，就是包粽子，其他没有什么，我没有什么印象。""我的印象呢，八月十五也是解放后才过的。""我们解放前就过了。""知道有这么个节日，但是没有把它当节日来过，钱少就没有搞过了。""挂纸也是清明节挂，重阳节不挂，因为没有钱，过一次就可以了。""现在重阳节也挂纸。现在是节日也过，不是节日也过。""我们那边八月十五不供月饼的话，就会焖点芋头来供，把芋头切成一块块的焖熟了来供。"

"解放以后，到十几年以后，读大学之前，一个月饼会分成十块或者八块。解放前根本没有吃过月饼，解放后到改革开放前有月饼吃的话，也只有一小块。现在八月十五月饼多到吃不完要丢掉，八月十五过了半个月了还没有吃完。""现在不一样了。""现在有钱没钱都一样搞了，三亲六戚也送，我觉得月饼一点都不好吃，还贵。""还可以，我都喜欢吃。""月饼节后和节前价格相差很大，很好赚钱，有时做饼做生意的一年就做八月十五，赚的钱等于做其他生意一年赚的钱，利润多。"

"到重阳节，重阳节你们过吗？""重阳节和清明节每年都过，每年都一样，不管有没有钱都要去拜山，杀只鸡，炖一块猪肉，煮几个鸡蛋。""清明节呢就要清理坟墓，要带些工具去，重阳节不用。""反正不管清明节还是重阳节，都要到坟墓那里割割草、铲铲土。""清明节很少有宗族的人拜祖坟，在那边做吃的都有，同一个姓、同一个村下面的多数是重阳节去拜。"

"过完重阳节到冬至，冬至就是做粽子，其他没有什么，就是做多做少的事。有钱的都杀鸡，没钱的买块猪肉供供香，反正过节都会供香，不忘祖宗。""大年三十晚上不算什么节日，春节才算。我们这里有个习惯，就是过小年。""小年是什么时候呢？""不记得是什么时候，小年农历是在十二月份的，小年那天是灶君上天的日子，应该是春节前几天，每年都不同。"

贺州八步本地话

扫码听音频

月亮光光惝惝　月亮光光惝惝，赖村来条网；网倒三圳陂，得头皖鱼儿；网倒三水口，得头皖鱼狗；爷吃头姎吃尾，中央鱼肉喂细子。

鸡公过水尾婆婆　鸡公过水尾婆婆，三岁孩儿熟唱歌；冇使爷娘教熟我，自己聪明唱出来。

上垌担担妹有份　上垌担担妹有份，底垌插田妹行先；大年初一妹行嫁，爷娘冇留我一年。

春天木上住　春天木上住，冇戴笠头勿要出去（春天雨水多，不戴斗笠别出门）。

热头撑伞，冇过明晏（太阳带伞状圈，不过明天中午就要下雨）。

天起狐狸斑，明朝打好饭包好去上山（天起狐狸斑，明早放心带好饭上山割草砍柴）。

开张发利市，大吉大利。

恭喜发财，丁财兴旺。

早生贵子，幸福万年。

财主佬和女婿的故事　我在这里讲个故事。很久以前，有个财主，这个财主家里有钱有势，他有三个女儿，没有儿子。三个女儿长大后都嫁人了。大女儿嫁给杀猪的。第二个女儿嫁给做生意的，钱多少有点儿，生活也过得去。第三个女儿嫁给种田的，种田的在家就是找碗饭吃，不是很穷但也不富有。财主上了六十岁以后，年年办生日，年年如此。这个财主办生日时会请女婿，还有其他亲戚，每年都摆几十桌。杀好鸡、猪、鸭，鱼鱼肉肉，每年生日大办一场。六十一岁开始办，办了差不多二十年了，现在都八十一岁了。他想着每年都这样过，年年都是坐在一起吃餐饭，吃完就散了，没有什么新鲜感。

八十一岁这个大生日，那些亲戚来了几十桌，闲得没事时，这个财主就想出点新花样。搞什么花样呢，大家晚上坐在一起聊聊天，但是有一个条件，以前每年过生日，女儿、女婿们送的礼物要么是吃的，要么是穿的，有时也会给钱，今年八十一岁生日就不同样了。这个财主就对几个女婿说："今年八十一岁大生日，算是老人了，今晚看你们几个坐在一起谁能逗我笑一笑啊，逗得我笑的那个，我就给他两撮箕银子。"两撮箕银子是什么概念啊，用现在的话讲值得很多钱了。几个女婿说自己有笑话。那个大女婿杀猪佬家里虽不穷，但也没有很多钱；第二个女婿虽做生意，但也不富裕；第三个女婿在家种田，买盐买油都成问题，就是有碗饭吃。他们个个想着两撮箕银子要是给谁，谁家里就富裕起来，就大富大贵了。所以，三个女婿都在想如何才能逗笑岳父的点子。

大家聚在一起，七八点钟就开始了。这个财主就发话了："下面开始，你们几个女婿谁逗笑我，我就奖励两撮箕银子。"最后，财主被第三个女婿逗笑了，眼泪水都笑出来，笑了以后就说："那两撮箕银子奖给你了。"第三个女婿得到两撮箕银子，拿了银子家里就好过了，夫妻和小孩过上了幸福生活，夫妻恩爱。这个故事就是这样了。

广西官话

二二

广西官话的历史来源

　　西南官话，也称为北方方言西南次方言，是官话的一个分支。广西官话属于西南官话，主要通行于以柳州、桂林为中心的桂中、桂北地区，所以人们习惯上又把广西官话称为"桂柳话"。

　　众所周知，移民是广西官话形成的主要原因，提到广西官话的历史来源，不得不从移民谈起。自秦汉以来，就不断有中原湖湘士卒迁入广西。元末明初，湖广一带是元朝军队与起义军厮杀拉锯的主战场之一，战乱使得当地人口急剧减少，造成人口从西北到东南呈由稀变密的状态。从明朝洪武年间开始，江西人开始大规模迁移至湖广一带，湖广人则大规模迁移至四川，同时，滇黔、桂北、桂中一带也迁入大量移民。明朝廖永忠、傅友德、沐英等将领先后平桂定蜀征滇之后，西南官话大量进入广西并逐渐扩散开来。清朝时期的西南地区，外部移民迁入的主体依然是"湖广填四川"，内部则主要体现为区域扩散式移民，由明朝沿交通要道的点、线状分布，发展为大量向边远山区和少数民族聚居区流动的片、面分布。广西官话也随着内部扩散式移民而不断整合扩张，形成了内聚力较强的区域性语言集团，并以其简洁的音系优势，随人口的迁移不断向广西相关区域扩张。概而言之，广西官话是元明之际由西南官话移民群体带来的，明清以来又不断以区域扩散式移民的方式流动，进而覆盖广西的大部分地区，并与当地的其他汉语方言或少数民族语言密切接触、相互交融，最后形成了今天广西官话的分布格局以及区域性语言特点。

广西官话的历史虽然比广西平话等汉语方言的历史短得多，但它凭借官、商和文教的优势很快就在广西占据了主导地位。在很长的历史时期，广西官话都是广西的强势方言，汉人和少数民族到了桂林、柳州、南宁、梧州、百色等城市都用广西官话交流；上学念书、在官场做事也都使用广西官话；在广西北部、中部和西部的县城、集镇，其商贸来往亦使用广西官话。在明清之前，广西局部地区已经有了粤方言，但大都分布在边缘地带的农村地区；明清之际尤其是鸦片战争以后，大批广东人逆西江而上，入桂经商，随广东移民传入的粤方言凭借其在经济、文化等方面的优势在广西东南部扎下了根，最后逐渐成为广西东南部的主要汉语方言，广西官话的强势语言范围逐渐让出桂东和桂东南的大片区域。但在桂北、桂中和桂西等地区，广西官话仍占据主导地位。

广西官话的特点

相较于广西区内其他汉语方言而言，广西官话和普通话最为接近，但也不乏自己的特色。以下通过广西官话与中古汉语的比较、广西官话与普通话的比较，以举例的方式简要谈谈广西官话普遍共有的特点。

广西官话的语音特点

有四个声调。普通话中的"黑、白、角、落"分别读为第一声、第二声、第三声、第四声，而在广西官话中这四个字都读为同一个声调。这是广西官话声调很重要的一个特点。

没有卷舌音声母。在广西官话中，"治、迟、齿、赤"分别读同"自、辞、此、次"；"饶"读成"姚"。

有后鼻音声母。如"岸、暗、岩"等的声母在广西官话中多读为后鼻音声母（即舌根上抬与软腭接触发出的鼻音）。

没有后鼻音韵母 ing、eng。广西官话中没有后鼻音韵母 ing、eng，普通话读 ing、eng 韵母的字，广西官话读成前鼻音韵母 in、en。如"英"读成"音","玲"读成"林","兵"读成"宾";"生"读成"身","蒸"读成"真","羹"读成"根"。

部分官话 f、h 不分，n、l 混淆。比如，桂林官话把"会务"说成"废物"，有人把姓"刘"说成姓"牛"，又有人把"脑袋"说成"老戴"。

普通话中有些以 j、q、x 作声母的字，部分广西官话会读成 g、k、h 声母。如柳州官话中"江、久、劫"的声母读成 g，"去、权、清"的声母读成 k，"戏、现"的声母读成 h。

广西官话的词汇特点

广西官话的词汇特点，与普通话有着较高的一致性。但由于其处在广西多方言的复杂语言环境中，彼此密切接触与交融，因此，广西官话的词汇系统中也存在不少独具特色的词语。限于篇幅，这里只以举例的方式罗列一些。

有独特的日常称谓词。每种方言都会有自己独特的称谓词，广西官话也有自己成系统的特色称谓词。比如，桂林官话称"小孩儿"为"小把爷"，称"外祖父"为"公公"，称"外祖母"为"婆婆"，称"伯父"为"伯爷"，称"伯母"为"伯娘"，称"姑姑、小姨"为"娘娘"；柳州官话称"爷爷"为"阿公"，称"奶奶"为"阿婆"，称"小孩儿"为"小娃仔"。此外，对一些常见事物的称谓也很特别，比如，桂林官话称"蚯蚓"为"鸭虫"，柳州官话称"蝙蝠"为"飞鼠"，等等。

　　有独特的动词。广西官话中有很多独特的动词，"得"就是其中一个。"得"在普通话中一般用作没有实在意义的助词，如"做得好""红得发紫""看得见""听得清"等句法结构中的"得"。在广西官话中，"得"除了用作没有实在意义的助词，如"好得很""吃得完"中的"得"，还常常用作动词，表示"已经完成"的实在意义，如"饭得了（饭已经煮好了），可以来吃了""衣服得了（衣服已经弄好了），过来取吧"。

　　存在和普通话"同形异义"的现象。广西官话中有不少词语，其词形看似和普通话一样，但其词义却和普通话不尽相同。比如，"早饭"在广西官话中指每天的第一次正餐，有时是早饭，有时是午饭；"天鹅"在广西官话中指大雁；"晌午"在桂林官话中既可指时间（中午），又可指午餐，如"吃晌午"其实就是吃午餐。

　　有丰富的"同物异名"现象。在广西官话内部不同的方言间有许多词都存在"同物异名"现象。比如，"西红柿"，桂林官话称为"毛秀才"，阳朔官话称为"洋辣椒"，柳州官话称为"番茄"；"祖母"，桂林官话、荔浦官话称为"奶奶"，恭城官话称为"嫲"，柳州官话称为"婆"；等等。即便是在广西官话同一种方言内部，也存在"同物双称"现象，如柳州官话的"水果＝生果""花生＝地豆""明年＝出年""晴天＝好天""夏天＝热天""冬天＝冷天""乒乓球＝台球"等。

　　有古语词（历史词）留存。比如，柳州官话称"蝼蛄"为"土狗"，这就是一个古语词，指一种背部茶褐色，腹部灰黄色，前足发达，适于掘土，专吃农作物嫩茎的生活在地下的昆虫。西汉扬雄的《方言》中把"蝼蛄"称为"杜狗","杜狗"就是"土狗"。柳州官话称短大衣为"中褛",称较长的西式外衣为"大褛",称用背带背小孩时垫在里面的二尺见方的棉垫为"背褛"。"褛"也是一个古语词,至少在汉朝已经出现。柳州官话把令人感到难以忍受的刺痛称为"瘌",如:"我刚才挨蜜蜂叮了一下,瘌痛瘌痛的。""这套西服是不错,但要价太瘌了。""瘌"也是一个古语词。

广西官话词语与普通话词语对比(示例)。普通话中的"太阳"在广西官话中大部分说成"太阳",但也有说成"日头""日头火""热头"的。"月亮"在广西官话中绝大部分说成"月亮",少数地方同时还可以说成"月""月光"。"星星"在广西官话中大部分说成"星子",少部分说成"星星",极个别地方说成"天星""星"。"虹"在广西官话中除可以说成"虹"外,大部分地区还会形象地说成"龙",如柳州市区官话说成"龙门/龙门虹",象州官话说成"龙虹东/龙虹西",永福官话和平乐官话说成"龙虹",荔浦官话说成"龙",富川官话说成"旱龙"。"日食"在广西官话中会说成"天狗吃日头(热头/太阳)",个别地方说成"日食",荔浦官话形象地说成"日头扛伞"。"热水"在桂林官话中说成"爦水",少数地方说成"暖水",大部分和普通话一样说成"热水"。"吃早饭"在广西官话中大部分说成"吃早饭",个别地方说成"过早"。

广西官话的语法特点

有丰富的名词词缀。广西官话的名词词缀较为丰富，有"子、头、们、仔（崽）、家、巴、鬼"等。如"帽子、袜子、笋子，石头、木头、高头（上面），我们、你们，猫仔、孙仔、桂林仔，女人家、男把爷家（男孩子家），盐巴、牙巴，逗巴鬼（小孩子）、吵蛋鬼"等。

有独特的表示程度的副词。如"盖""蛮""算""几（几鬼）""恁"等。桂林官话中"盖啰嗦、盖三八、盖野、盖虚伪、盖蠢、盖丑、盖吵、盖小气"等，其中的"盖"是表示程度的副词，相当于普通话中的"非常""极""十分"，但多用来修饰限制表消极意义的词语，强调某一不好的情况"非同寻常且程度极其深"，往往带有说话人不满、厌恶、讽刺等主观情绪。"蛮"在广西官话中也是很常用的程度副词，类似普通话的表程度义的"挺"，如"蛮贵、蛮乖、蛮懂事、蛮舒服、蛮喜欢、蛮有本事、蛮合得来"等。"几（几鬼）"在广西官话中表示的程度较"蛮"深，如"几（几鬼）高、几（几鬼）早、几（几鬼）高兴、几（几鬼）操心、几（几鬼）有本事、几（几鬼）年轻、几（几鬼）闹热"等。"恁"在广西官话中表示的程度高于"蛮"和"几（几鬼）"，相当于普通话的"那么"，如"恁讨嫌、恁老实、恁重、恁可恶、恁喜欢、恁伤心、恁想不开、恁懂事"等。

存在与普通话不一样的语序。如：普通话说"你先走"，柳州官话通常说"你走先"；普通话说"我做完作业了"，柳州官话习惯用"我做作业完了"来表达；普通话说"分给咱们五个指标"，而柳州官话却说"分五个指标我们"。

广西官话表示介引关系的词与普通话也有不同。如：普通话"我从桂林来""从小路走"用"从"介引，柳州官话却习惯用"把"和"跟"介引，说成"我把桂林来""跟小路走"；普通话"向他要钱""不向你要向谁要"用"向"介引，柳州官话通常用"跟"介引，说成"跟他要钱""不跟你要跟哪个要"。

表示被动的标记词不用"被"而用"挨"。普通话的被动标记常用"被"，如"我被老师批评了""他被打了"；广西官话用"挨"表被动，如"我挨老师骂了""他挨打了"。

"倒"用作助词，表示动作正在进行、持续或已完成。比如，"他做倒作业"，相当于普通话的"他正在做作业"，表示"做作业"这个动作正在进行；"把东西放倒"，相当于普通话的"把东西放着"，表示动作在持续；"把门锁倒"，相当于普通话的"把门锁上"，表示"锁门"这个动作已经完成。

广西官话中的文化内涵

　　方言与文化有着密不可分的关系，方言自身会携带很多文化元素，这些元素串联起来就形成了一幅幅历史地域文化画卷。广西官话同样蕴含着丰富的广西历史地域文化。在此，我们将通过举例的方式探讨广西官话中的文化内涵。

　　广西官话中的"水"族词。广西官话中有丰富的"水"族词，如"烂水"形容人品德不正、行为不端，"外水"特指从事第二职业所挣来的钱，"萎水"指事情往不好的方向发展。此外，还有"点水"（指偷偷告知别人重要信息或机密）、"反水"（指改变主意、叛变）、"起水"（指鸡、鸭、鹅等家禽发病）、"眼水"（指人的观察判断能力，类似普通话的"眼力"）、"脑水"（指人的理解能力和思维能力），等等。"水"在广西官话中还常常用来形容某人没有本事、很窝囊，如"你太水了""你这个水冬瓜"，都是贬低人的话。"你太水了"就是说"你这个人真没水平、真窝囊"。"你这个水冬瓜"中多了个"冬瓜"，大家知道冬瓜是中空的，在此比喻"没有真才实学、没用"，与"水"并用，贬义更甚。此外，"水"在广西官话中还用作形容词的后加成分，意义也明显虚化了，带有轻松愉快、形象俏皮的感情色彩，如"寡水""裸水""甜水""淡水""醒水"等。"寡水"由"清汤寡水"发展演变而来，本义指"食物缺油少盐没味道"，如"她做的饭菜寡水得很"；后来"水"渐渐虚化为一个后加成分，只剩下"寡"的意思，形容人"小气、抠门"，如"他好寡水的，从来没借过钱给人家"。"裸水"形容人穿戴邋遢，不修边幅，如"你这个人太裸水啦（你这个人太邋遢、太不修边幅了）""一天到晚裸里裸水（一天到晚脏兮兮，成天邋里邋遢）"。"甜水"则表"喜爱、满意、高兴"之意，如"她还是蛮甜水你的（她还是挺喜欢你的）""领导蛮甜水你的啵（领导对你很满意的哟。这句话常带有揶揄意味）"。"淡水"是"甜水"的反义词，表"味道淡、不喜欢、不满意、冷淡"之意，如"过去她对小张还是蛮甜水的，现在淡水完了（过去她还是对小张挺满意的，现在很不喜欢了）"。"醒水"比喻"清醒、明白、机灵"，如"他一点都不醒水（他一点都不清醒）""在外头做事要醒水点，莫紧给人家占便宜（在外面做事要机灵一点，不要老被人家占便宜）"。怎么样？"水"在桂林官话中够"活跃"吧？这大概和桂林四季润泽、水丰雨沛有很大的关系吧！

广西官话为什么称"孩子"为"（小）把爷"？在桂林官话中，"（小）把爷"可谓是使用频率极高的一个词了，小至牙牙学语的幼儿，大到十七八岁的中学生，都可以被称为"（小）把爷、男把爷、女把爷"。对于"把爷"这个词的来源，桂林民间有两种说法：第一种说法是"把爷"的"把"即"把总"。"把总"为明朝及清朝前中期陆军基层军官名，也可称为"百总"，清朝时

该官职品级为正七品，位次于"千总"，可以说是个芝麻官，官衔虽小，但老百姓却惹不起。"爷"是旧时老百姓对有身份的官员的尊称，如将县令称为"县太爷"，暗含"惹不起"之意。"把爷"就是"把总爷"的简称。桂林官话之所以把"小孩子"称作"（小）把爷"，是因为小孩子非常淘气，经常在外面惹是生非，弄得大人们劳神费心、不得安宁，就骂小孩子："你硬和把爷一样讨人嫌。"照这个说法，"把爷"原为一个带"嗔爱"色彩（看似骂人，实则暗含爱意）的称谓词，后来用法逐渐泛化，演变成了"小孩子"的泛称。第二种说法是"把"为"把守、把门"之意。"把爷"为旧时守大门的人，他们常常倚仗主人的权势，凶悍蛮横。如果有要事需求见官署的官员，一定要给这些"把爷"好处，不然肯定不帮通报。这些"把爷"贪得无厌，老百姓十分讨厌他们，但又不得不小心伺候，生怕得罪他们。有些孩子淘气不听话，惹得大人们十分恼火，因此就用这个带贬义的"把爷"来称呼小孩子。

　　广西官话为什么称"好朋友"为"狗肉"？假如你是一个外地人，第一次听桂林人说"请狗肉吃狗肉"这样的话时，你一定感到很奇特，而且肯定不知所云。这是桂林官话特有的说法，意思是"请好朋友吃狗肉"。桂林官话将"关系亲密的朋友"称作"狗肉"。桂林人向来爱吃狗肉，尤以桂林北郊的"灵川狗肉"最为有名，民间流传着"狗肉滚三滚，神仙站不稳；闻到狗肉香，神仙也跳墙"的说法。冬日里，三五好友，准备一瓶三花酒，围坐于香气四溢的狗肉火锅旁，谈板路，品小酒，这是好朋友相聚的经典画面。相传有三位秀才，他们是好友，一同上京赶考。十年寒窗苦读不容易，因此他们相约考完后一起去吃狗肉，一为解馋，二为庆贺。考试时，甲、乙两个秀才天资聪颖，很快答完题交了卷，出了考场，等了半天还未见丙秀才出来，甲、乙两个秀才念狗肉心切，就想了个法子混进考场去找丙秀才，发现丙秀才因为有题目不会做正在犯难，两个秀才帮朋友心切，同时也为了能早点一起去吃狗肉，就写了答案交给丙秀才，并在答案后面写上一句："你赶快抄，抄完我们去吃狗肉。"丙秀才拿到答案，既高兴又紧张，一急之下，把后面那句"你赶快抄，抄完我们去吃狗肉"也当作答案一并抄到试卷上了。这下可麻烦了，三位秀才作弊很快就被发现了，以前对士子作弊处罚很严厉，不仅革去功名，还要在考场门口重枷示众。三人重枷立于考场门口，丙秀才觉得很对不起两位朋友，愧疚不已，唉声叹气。甲、乙两个秀才就安慰他说："没关系的，我们是好朋友嘛，你如果还是觉得内疚的话，三天过后，等枷锁去除，请我们去吃狗肉就好了。""狗肉"喻指"好朋友"由此而来。当然，桂林官话中的"狗肉"主要是指可以同甘苦、共患难的好朋友，而非只是吃吃喝喝的酒肉朋友。

广西官话的民俗方言词——会期。"会期"是广西平乐、阳朔、恭城、荔浦一带特有的民俗方言词，跟普通话的"庙会"意思接近，是间隔一定的时间在某个固定日子举行的一个隆重节庆。不同的地方"会期"时间不一样，"会期"的内容也不完全相同。但是不管什么时间、什么内容，人们总是希望热闹的。每逢"会期",出嫁的姐妹们都回娘家,亲戚朋友也来做客。家里来的客人越多,主家就越荣耀。大家聚在一起一定是要吃饭的,所以当地流传着"会期要会吃""会期会期,就看你会吃不会吃"的谚语。"会期"和"会吃"在这些地方的官话中读音完全相同,因此,当地人讲这两句话的时候特别有意思。人们在"会期"时欢聚的喜悦之情溢于言表。

广西官话中存在不少从周边汉语方言或少数民族语言中借用过来的词语,反映出广西官话与周边语言或方言密切接触、相互交融的和谐历史与现状,是广西语言关系与族群关系和谐共生的重要体现。柳州官话中有不少词是借自粤方言的,如"烛失火、出年明年、生果水果、马骝猴子、柜桶抽屉、地拖拖把、扣针别针、雪条冰棒、火水煤油、水脚路费、人工薪水、碱香皂、靓漂亮、利市红包、影相照相、纸鹞风筝"等。语言或方言的借用也会带来文化的交融,比如,柳州官话把"猪舌头"称为"猪利钱",就是受到粤方言避讳文化的影响。此外,柳州官话中还有不少有音无字的常用词,这是与周边壮侗语等少数民族语言密切接触、相互渗透的结果。相互连接的地缘关系,是造成语言或方言之间密切接触、相互影响与渗透的原因之一。柳州官话中存在不少从其他汉语方言或少数民族语言中吸收的"借词",也表明对其他族群语言与文化的尊重与包容。正是由于广西人民拥有博大的胸怀与善良平和的处世之道,各族群语言和谐互动、文化水乳交融,才形成了广西独特的多民族、多语言和谐共存的局面。

广西官话中为什么把小男孩过生日叫作"长尾巴"?在桂林

各地的官话中，均把小男孩过生日称作"长尾巴"，这和民间习俗相关。过去人们认为小男孩不好养大，容易被阎王盯上，只有贱养才能够平平安安长大。其实不光桂林，我国的好多地方都是这样，比如要给男孩子起个贱小名，或者给男孩子起个女孩子名（受"男尊女卑"旧观念影响，认为女孩名贱），都是"只有贱养才能够平平安安长大"的观念和习俗使然。所谓"长尾巴"，实际上就是把男孩当作小狗、小牛等动物看待。可能人们认为小狗、小牛等动物好养活，这样一来，就把小男孩过生日叫作"长尾巴"了。

　　有诗意的方言词"出花园门"。走在桂林的大街上，有时会看到饭店门口的拱门上写着"恭贺某府某某人出花园门""恭贺某某人出花园门大吉"等字样，你可能认为"出花园门"就类似"出阁""出嫁"，那你就错了。在桂林，"出花园门"是女孩子16岁生日的时候举办的成人礼，在以前的有钱人家，这个仪式是非常隆重的。那么，为什么把16岁女孩子的成人礼叫作"出花园门"呢？这是历史文化信息在语言中的留存。过去有钱的大户人家都有自己的后花园，后花园往往是公子王孙、小姐少爷的娱乐之地，尤其是小姐，没有出嫁之前，不轻易见外人，所谓"养在深闺人未识"。到了十五六岁就成人了，可以"出阁"了，这个时候先举行一个成人礼，表示女孩已经可以走出后花园，进入社会，准备谈婚论嫁了，所以把女孩子的成年礼称作"出花园门"。时至今日，男女平等，不再存在女孩子"养在深闺人未识"的现象，但桂林官话仍沿用"出花园门"这个说法，代指女孩子成年，

文化广西

并会举行相应的庆贺仪式。

　　有深意的广西官话惯用语"你小时候没有绑手啊"。在广西桂林一带，如果你被问"你小时候没有绑手啊"，那不好意思，很遗憾地告诉你，你挨骂了，而且是因你的多手多脚而引来的质问。这个质问的意思其实是这个俗语的引申义，而且如今流传的也大多是这个意思。它本来是宝宝出生后的一个习俗：在桂林的一些地方，宝宝刚生下来时，要在宝宝右上臂或者双臂上面，隔着衣服绑上细布条，至少绑 20 天，或者绑到满月。一是为了不让宝宝的小手缩进衣服里面；二是人们认为出生时绑了手的孩子，长大后手脚老实，不会多手多脚，这摸一摸，那踢一踢，甚至认为可以防止其长大以后有偷鸡摸狗的行为。

　　广西官话中的"看花""看花婆"是啥意思？在古代，人们看到花开结子，觉得非常神奇，如有神助，这样慢慢就演变成花神崇拜。在广西各地普遍存在花神（花婆）崇拜，各地供奉花神（花婆），祈祷早生孩子。人们甚至认为每个孩子本是花神送的一朵花，女孩是红花，男孩是白花，孩子出生后要祈求花神（花婆）保佑其健康成长。桂林有很多娘娘庙兼有花婆庙和妈祖庙两大功能。据说花神（化婆）有十个姐妹，大多数都有庙供祭祀，可见人们对花神（花婆）的崇拜。桂林民间还有"看花"的习俗，就是类似给孩子、已婚妇女占卜算命。"看花"总要找个人，该找谁呢？自然是"看花婆"了。于是，这个帮助大家占卜算命的人就成了"看花婆"。

　　广西官话独特的名词——酸。"酸"在普通话中是一个形容词，在桂柳官话中常用作名词，是一种食物。俗话说"一方水土养一方人"，桂柳地区独特的湿热气候造就了这个地区老少皆爱的美食——酸。"酸"类似我们说的"泡菜、酸菜"，但在桂柳人的饮食当中"酸"所扮演的角色远远超过"泡菜"，它既可以是一种小吃，又可以是一种入菜的食材。各种蔬菜瓜果几乎都可以作为"酸"的原材料。"酸"作为配菜，最常见的就是用作名扬天下的桂林米粉、柳州螺蛳粉的佐料，可以说是桂林米粉、柳州螺蛳粉的"绝配"。很多外地人第一次来桂林吃桂林米粉时，对用竹笋、豆角等为原料做成的"酸"都不太适应，感觉有股"臭味"，但吃上几次后就会莫名爱上那酸酸辣辣的味道。很多留学生从桂林留学回国后，都说最想念桂林米粉，想念桂林米粉中的"酸"。另外，"酸"还经常与干鱼仔、牛肉之类的荤菜相配做菜，非常开胃。桂林有句谚语叫"鱼仔送饭，鼎锅刮烂"，意思就是说"酸炒干鱼仔"这道菜非常下饭，人们可以吃上好几碗饭，以致做饭的"鼎锅（一种铁制锅具）"都被刮烂。

广西官话的"麻直"有来头。"麻直"在广西官话中表示"一直、坚持、尽管"的意思。当你在桂林问路的时候，如果对方想告诉你"径直往前走，别拐弯"，他就会跟你说"麻直麻直往前走，莫拐弯"。"小狗一直叫"会说成"狗仔麻直叫"，"他连连点头"会说成"他麻直点头"。为什么表达"径直、一直"等含义时，桂林官话用"麻直"的说法呢？原来这和"麻"这种植物有关。桂林位于广西东北部，属于亚热带季风气候，适合苎麻（桂林人也叫"青麻"）生长，因此桂林很早就生产苎麻了。除了苎麻，这里也种植黄麻（也叫络麻）。无论是苎麻还是黄麻，它们的梗都是笔直的。因此，桂林人就用比喻构词的方式，把"直"比喻为像苎麻、黄麻的梗一样，而这两种植物在桂林所有的县区都有种植，人们一下就接受了这个形象的比喻。这个词很快在桂林官话中流传开来，并沿用至今。

广西官话的惯用语"猪崽好卖街街来"。这句惯用语几乎通行于广西整个官话地区。在我国农村地区的小商贸活动中，每间隔几天就有一个集中交易的日子，这个日子在粤方言中一般称为"墟日"，广西官话大多称之为"街日子"。在这个日子里，方圆几十里的乡亲们都会上街卖东西或买东西，粤方言一般称之为"趁墟"，广西官话则多称之为"赶街"。广西官话"猪崽好卖街街来"中的"街街"即"墟墟"，就是每个墟日。这句惯用语的本义是指卖猪的人在头一个墟日来卖猪崽，结果卖到了好价钱，尝到了甜头，就想着每个墟日可能都有好价钱，于是每个墟日都来卖猪崽，不料后来猪崽的卖价跌了，好梦未能成真。这句惯用语后来引申为"贪心、不知足"的意思，常用来讽刺得了好处还想不断得到同样好处的人。

"柳柳州"是谁？提到"柳柳州"，我们脑中马上会出现"柳宗元"和"柳州"这两个词。柳宗元是山西永济人，非常有学识，是"唐宋八大家"之一，21岁中进士，24岁就到朝廷做官，胸怀政治抱负，是唐朝古文运动的倡导者。后来因为自己参与了政治革新运动而被一贬再贬，最后贬到当时几近蛮荒的柳州做刺史，直到47岁时病死于任上。柳宗元在柳州虽然处于被贬之列，但他并没有因为自己被贬而无所作为，相反，他利用有限的权力，施展自己的政治抱负和才能，为当地老百姓做了许多好事，故柳州人都特别拥戴他。在他死后，柳州人特地用贵重木材为他做了棺椁装殓，并护送其遗体到山西永济老家。柳宗元的付出得到了回报，他的名字与柳州共存，以至于世人又称之为"柳柳州"。

"吃在广州，穿在苏州，玩在杭州，死在柳州"，为何要"死在柳州"？国内流传着"吃在广州，穿在苏州，玩在杭州，死在柳州"的俗语，前面的意思很好理解，但是为何人们吃喝玩乐在别的地方，偏偏到死的时候要来到咱们广西的柳州呢？这要接着上一个故事说起。据说护送柳宗元的棺材从柳州到他的故乡山西永济的人走了几个月，可等到了永济打开棺材重新装殓的时候，却发现柳宗元的遗体依然完好无损。大家都十分惊讶，柳州棺材因此沾了柳宗元的名人效应而名声大噪。达官贵人无不以拥有一口上好的柳州棺材为荣，因此柳州也发了棺"财"。清末民初至新中国成立之前，柳州经营棺材寿板的人多在柳江河北岸的长寿街。全街店铺都摆满了棺材，尺寸大小及各种式样齐全，一般分大、中、小号三个等级，也有按顾客要求特制的，以木质好坏和技术优劣而定高低不同的价格，生意非常红火。当时没有火葬，不论是官还是民，死后均装棺土葬，因此，棺材经营业倒也有了民需。如今，人们已经不再仅进行土葬，柳州棺材业也不再有当年的风光，但是，柳州棺材作为工艺品仍广受人们的欢迎，其尺寸变小了，一些人购之作为家居摆设，亦喜其谐音"升官发财"之意。

柳州官话中蕴含的柳州人"彪悍"特性。相较于桂林官话的柔和轻缓，柳州人说起话来要"生猛"得多，并且语调起伏较大，给人的第一印象是柳州人"比较泼辣"，喜欢"直来直去"。试看以下话语对比：

普通话："亲爱的，我好冷啊！"（一个姑娘带着撒娇的语调说）

柳州官话："这种鬼天直接冷死我妈滴女克！"（柳州妹子："这种鬼天气，直接冷死我妈的女啦！"）

普通话："哎哟，你好讨厌啦！"（一个姑娘带着娇嗔的语调说）

柳州官话："又挨你这个野崽黑一组！"（柳州"女汉子"："又被你这个家伙坑一次！"）

透过以上对比，柳州人身上的"率直、粗犷"气息呼之欲出。实际上，"粗犷"只是柳州人的保护色，正如上文所述，柳州人骨子里是相当豪爽与热情的，如果遇到困难，急公好义的柳州人还是很靠谱的。

广西官话中流行的四字"俗成语"。中华文明源远流长，在中华历史文化长河中留下很多经典，成语当属我们中华文明的瑰宝之一。在博大精深的汉语方言中流传有很多四字俗语，语言学界称其为"俗成语"。在广西官话地区同样也流行着很多朗朗上口的四字"俗成语"，充实了我们广西语言文化的宝库。如：

干手净脚：干脆又省事。

古灵精怪：有形容人古古怪怪的，也有形容人聪明调皮的。

鬼五马六：乱七八糟的，见不得人的。

滚红滚绿：捣乱、胡闹、胡扯、瞎说。

黑里麻黢：黑不溜秋的。

黑口黑面：满脸不高兴的样子。

系威系势：装腔作势，好像煞有介事的样子。

气呵气喘：上气不接下气。

摆明车马：开门见山，说明意图。

好声好气：心平气和。

好衰唔衰：凑巧遇上倒霉的事。

好食懒飞：相当于"好吃懒做"。

知悭识俭：晓得精打细算。

夭挑鬼命：形容人瘦得不成样子。

整古作怪：做小动作，做鬼脸。

广西官话中的猛话"最／几大不过芭蕉叶"。桂林官话称"豪言壮语"为"猛话"，"最／几大不过芭蕉叶"就是一句"猛话"。在桂林，就树叶而言，芭蕉叶算是"巨无霸"了。芭蕉叶不但又长又大，而且大有用处，除在炎热的夏天可以挡太阳外，逢年过节要蒸米糕、粑粑之类，更少不了芭蕉叶。所以，桂林城乡不少人家都喜欢在屋子周边种些芭蕉树，芭蕉叶也成了桂林人熟悉的东西。据说很早以前，桂林某一大户人家有一丫鬟，冰雪聪明。有一天，家中来了客人，主人与客人闲聊，偶尔谈及各类植物的叶子，并问客人什么植物叶子最大，客人一时答不出来，这时正好小丫鬟端茶上来，插嘴道："芭蕉叶最大。"主客二人相对无语——的确没有比这更好的答案了。这就是"最／几大不过芭蕉

叶"的由来。后来也不知从什么时候起,"最／几大不过芭蕉叶"这句话就演变成了不信邪恶、不畏强暴的"猛话",成了桂林人在面对邪恶现象时最爱说的一句口头禅。考究这句话的含义,大概就是说,叶子最大的也不过是芭蕉叶,恶人再凶也没什么了不起,谁怕谁!

广西官话音频材料

桂林市区官话

扫码听音频

月亮粑粑 月亮粑粑，踩着瓦渣。一跤跌倒，赖我打它。我没打着它，回去告诉妈妈。妈妈不在屋，躲在门背哭。

排排坐 排排坐，揪糯糯。糯糯香，请姑娘。姑娘来得早，吃碗芋头饱。姑娘来得晏，吃碗芋头饭。姑娘来得迟，吃碗芋头皮。

大姐粉白白 大姐粉白白，二姐紫檀色，三姐三牡丹，四姐人来看，五姐五妖精，六姐像观音，观音老母坐莲台，十朵莲花九朵开。

耗子躲紧点 耗子躲紧点，猫儿来啦。

天王王 天王王，地王王，我家有个赖哭王。过路君子念一遍，一觉睡到大天光。

摇摇 摇摇，摇摇，摇去外婆桥桥。外婆讲我是个好娃娃。饼一包，糖一包，抱着我又摇摇。

妹啊妹 妹啊妹，嫁去侯山背。日里要割草，夜里要舂碓。哥哥骑马来接妹，家公家婆不给回，扯起罗裙抹眼泪。

鸡毛鸡毛　鸡毛鸡毛乖乖，鸭毛鸭毛乖乖。要你东歪就东歪，要你闪背就闪背，要你磕头就磕头，要你靠墙就靠墙，要你上天就上天。飞呀飞呀飞。

柳州市区官话

扫码听音频

挑水妹　挑水妹，打烂水桶没敢回。一来又怕家婆骂，二来又怕老公捶。

一条扁担四口钉　一条扁担四口钉，做人媳妇要小心。灶头灶尾捡干净，睡觉没敢眯眼睛。

做人媳妇没小心　做人媳妇没小心，数完日头数星星。数到妹名没要紧，数对爹娘没好听。

挑水码头步步高　挑水码头步步高，见妹挑水哥心焦。哥想帮妹挑一担，旁人冷语利如刀。

挑水码头步步低　挑水码头步步低，一脚沙子一脚泥。哥想帮妹挑一次，可惜妹是旁人妻。

高山岭顶种芭蕉　高山岭顶种芭蕉，风吹蕉叶动摇摇。火烧芭蕉心不死，妹不见哥妹心焦。

火烧芭蕉一堆灰　火烧芭蕉一堆灰，阿哥讨嫂没用媒。没用猪羊没用酒，唱首山歌带妹回。

月亮光光　月亮光光，下来吃米汤。米汤没曾熟，娃崽莫赖哭。

点指叠叠　点指叠叠，桃花开叶。点指窝窝，淘米下锅。

嘭嘭嚓　嘭嘭嚓，铜锣换嘎＝嘎＝。嘎＝嘎＝又得吃，铜锣又得打。

小哥哥　小哥哥，上山取鸟窝。取得公的放飞去，取得母的做老婆。

月亮光光　月亮光光，打开城门洗衣裳。洗得白净净，打扮哥哥进学堂。

煮饭煮粥　煮饭煮粥，磨米磨谷。大人吃完做活路，娃崽吃饱好看屋。

灯盏菜　灯盏菜，翠绿绿。娘吃嘞，崽赖哭。崽呀崽，你莫哭，阿爹回来买猪肉。

单身哥　单身哥，自己洗衣自己揍，自己洗脚自己睡，自己缩脚盖被窝。

虫入凤穴　虫入凤穴飞去鸟，七人头上一把草。大雨下在横山上，朋友半边不见了。（谜底是"风花雪月"）

排山倒海　排山倒海岛换颜，各位君子听我言。草帽一顶七人戴，只见日头禾下边。（谜底是"鸟语花香"）

芙蓉帐里　芙蓉帐里夫别离，留下一口守孤妻。北风吹来分两处，马到南山落四蹄。（谜底是"燕"，字谜）

徐州失落　徐州失落一半，吕布丢失头巾。张飞大骂无马，孔明苦闷无门。（谜底是"德"，字谜）

秃尾龙的故事　柳州是个美丽的地方。在柳州大地上，分布着很多的龙潭。你知道为什么柳州有那么多龙潭吗？这与柳州龙的传说有很大的关系。其中，我就给大家讲一个秃尾龙的故事吧！很久以前，大地干旱，百姓民不聊生。你看，所有地上的禾苗都被天上的太阳晒得干枯了。这天，有一个老头，走在干涸的路上，他看见这条路上，躺着一条小蛇，由于饥渴，（蛇）已经奄奄一息了。他动了恻隐之心，然后把这条蛇捡起来，拿回家去养。他为这条小蛇付出了很多。他儿子是杀猪的，每天他从他儿子那里拿猪血来喂这条蛇。这条蛇的元气恢复得越来越好。（蛇）不但恢复得好，而且长得一天比一天壮。就这样子，日子一天一天过去了，慢慢这条蛇就开始长大了，在这个家里面，已经没有办法给这条蛇一个栖身之地了。这个老头就把这条蛇带到一个龙潭去，每天放在柳湖养。清早，就从他儿子那里挑一袋猪血。这条蛇一看见老头挑了猪血来，就从龙潭里冒出来，向他磕头。这样，这个老头就把这些猪血洒给它吃。日子如果是没什么其他变故，就是这样过下去了。哪知道，竟有意料之外的事情。有一天，这个老头的孙女穿一身红衣服，来到龙潭边玩。这条蛇看见这个老头的孙女，就以为是猪血，一口把孙女吞了。这个老头知道以后，非常愤怒，就拿了一把刀来到龙潭边。这条蛇见老头出来了，它自然地跑出来。这个老头大喊一声"你这个畜生"，然后一刀砍过去，正好这条蛇偏了一下子，（老头）把那龙尾砍下来。这条蛇其实这个时候已经变成龙了的，它不知道。这一痛就激起它腾飞起来的这个力量。这样子它就飞走了。老头的孙女就被这龙吃掉了。龙又走了，所以他郁郁寡欢，就这样，这老头就死了。到这个老头打完斋，要出山的时候，大家都想好了，就把这个老头抬去柳州的一座山。当然好多人有不同的讲法，有人讲是马鞍山那个坠壁上面，有人讲是其他的坠壁上面，这个就不一而足了。就这样要抬上那个地方去，大家都准备好了，反正想到的是人都是无能为力的，这样子就算了，准备草草安葬他。谁知要出殡那一天，整个天空乌天黑地的，这个秃尾龙从外面回来了，卷起这棺材，把它安葬在高高的绝壁上面。等安葬完以后，整个天空就风和日丽了。这个故事呢，就是这样子讲。后来柳州市还有一个传说：每逢到五月份，也就是清明节前后，柳州总有一天是乌天黑地的。大家都猜测讲，秃尾龙回来给它的养父做清明来了。

河池市区官话

扫码听音频

东打铁 东打铁，西打铁，打一把剪刀送姐姐，姐姐留我歇一歇，我不歇，我要回家去打铁。打到哪？打到桥底下。什么桥？玻璃桥。什么玻？燕子窝。什么燕？车篷线。什么车？牛拉车。什么牛？黄牛。什么黄？鸡蛋黄。什么鸡？老母鸡，下个蛋，给妹吃，吃不饱，不要吵。

龙龙转 龙龙转，眼睛花，继爷打继妈，继妈跌下床。猫来舔，狗来扛，扛去河边洗衣裳，洗得白蓬蓬，拿去嫁老公。

大姐大鼻梁 大姐大鼻梁，二姐马狼＝扛＝，三姐罗阳线，四姐裹灰面，五姐舞鸡婆，六姐卖油螺，七姐气嘤嘤，八姐当观音，九姐九人爱，十姐害死人。初一扛门板，初二满街喊，初三打大锣，初四讨老婆。

莫一大王的故事 现在讲的故事是莫一大王。

　　到了莫一大王十二岁的那年，村里头的族老就叫了每家来人开会，商量看，怎样在村子旁边的那山坳里砌一个坝，把河水拦起来，让河水流到田里头去。第二天早晨，全村的男女老少都一起去山坳那里，去搬石头来砌坝。谁知道，那河水非常地急，那石头一丢下去，马上被河水冲走，不知道飘到哪里去。山上面的石头都被搬完了，那个坝还是一点都没有砌起来。看到田里头的禾苗慢慢干去，看到河水白白地流走，大家都忍不住摇头叹气。刚好莫一路过这地方，他看见大家为砌坝的事情非常地着急，他就停下来，要跟大家一起砌坝。谁知道山上面的石头一块都没有了，拿什么来砌坝呢？莫一就扭头到处看看，他看见有一泡牛屎，就马上走过，两只手捧起那泡牛屎，抛下河去。说起来也怪，好像有鬼一样，那泡牛屎扔到河里头被水冲，那么急的河水，怎么都冲不走。那牛屎好像生了根一样，紧紧地粘在河底下，一会儿就看见那泡牛屎变得越来越大，慢慢地就变成一块大大的青石，连到两边的山横在小河上，把小河堵了起来。就这样，小河水慢慢地高起来，顺着开好的水利沟，慢慢地流到村民的那些干裂的田地里头去。所以一直到今天，那块长得像牛屎一样的大青石，还静静地睡在河池镇水印坝的坝脚底下。

　　修好水坝以后，莫一又想给村上的乡亲搞一块平平的田地。怎样才能修得出平地呢？如何推掉这座山呢？莫一想来想去，就决定去学法术来做这件事情。他走啊走啊，口干了就喝几口山泉水，肚子饿了就摘几个野果子来吃。翻过了九百九十九座大山，跨过了九百九十九条山沟，他总算来到一个叫作牛角岭的山上。山上面有一间烂烂的茅草房，他推开门一看，里面邋里邋遢的，够恶心了，还住着一个快要死的老人。老人的床上到处都是屎，臭气熏天，大头苍蝇围在旁边到处乱飞，想走近都有点难。莫一一点都不怕，他走到老人的身边，找来热水帮老人擦洗，他对老人亲热地嘘寒问暖，好像亲人一样。老人恢复精神后，就问他："你从哪里来？来这里做什么？"莫一就对老人说："我从河池公发村来，为了帮乡亲们排除艰难，移山填海造平原。我来这里拜师学法术的。"老人就对莫一说："那你先在我家住上几天。"莫一答应了老人，就在老人家里住了下来。日子一天天过去，非常快，一眨眼三天就过去了。第四天早上，莫一醒来一看，咦，老人不见了。他马上到处去找，整个牛角岭他都找遍了，每个角落都找过了，还是没有找到老人。他回到老人的那间房子，看见房子中间，咦，放着一根金黄的鞭子，他拿起鞭子轻轻地甩了一下，老人的那间烂草房马上就飞走了，不知道飞哪里去了。他又甩了一下鞭子，眼前的一座大山就像一头牛一样动了起来。莫一高兴极了，才知道这个就是自己日思夜想的法术，现在这个法术总算到自己的手中了。于是莫一骑在牛角岭山顶上的一块大石头上，轻轻地挥着鞭子，赶回家乡。接下来的日子，莫一每天都忙着赶山造田。他把那些山赶得排列得非常整齐，很好看。没到一个月的时间，他就造出了三个平原：一个就是今天的河池镇；一个就是现在的侧岭乡，所以你看现在那个侧岭乡，它的那个山峰山冲，特别漂亮；还有一个就是现在的金城江了，金城江的老街码头还有莫一大王赶山时候留下来的脚印。

西林官话

苦读力要啊　苦读力要啊，文哪章啊，书啊歌诗啊，念哪啰的那个，侬的过了看。关心力要啊，苦拼哪啊，古啊歌诗啊，念哪啰的那个，侬的过了看。管下力要啊，讲白啊啊，侬啊个大啊，班哪啰的那个，侬的过了看。

三月艳阳天　三月艳阳天哪，春风日又暖哪，兄妹一同上花园，欢喜乐开怀呀。兄在前面跑呀，妹在后面追呀，那里霍了嗨霍了嗨。海棠紫呀紫荆花，哟哟侬呀，兄妹同逗笑呀，欢欢喜喜笑吟吟。春风轻轻吹呀，百花争吐艳呀，兄妹一同放风筝，欢喜乐开怀呀。手拉双线跑呀，风筝高高飘呀，那里霍了嗨霍了嗨。海棠紫呀紫荆花，哟哟侬呀，兄妹同逗笑呀，欢欢喜喜笑吟吟。

柳霞寻夫　我讲的这个故事是柳霞寻夫。

古时候，有一对年轻、勤劳、善良的夫妻。她的丈夫叫杨勤，他的妻子叫柳霞。杨勤为了医治母亲多来年的老毛病，已经有十年了，他离开家准备要到江北去寻找草药，为他母亲治病，结果一走就是三年。年轻美貌的柳霞在家照顾他的母亲，孝顺他的母亲，给他母亲治病，后来母亲康复了。

柳霞想丈夫，她就问母亲："我想出去找杨勤，母亲你看怎么样？"母亲说："你去吧。因为杨勤已经离家三年了，全无音信，不知是死是活，你就去找他吧。"说完以后，柳霞就打好背包出门了，跟母亲告别。不知不觉走到了一个酒店，那时候天色已经晚了，柳霞就说："我要投宿才行，天色晚了。酒家开门！酒家开门！"酒家就开门了："哇，姑娘家，你要住宿吗？""住啊，天色晚了。"酒家问："姑娘家，你是哪方人氏？为了何事奔波到此地呀？""酒家，我是江南杨柳村人，丈夫离家三年整，为了寻找药给母亲治病，全无音信。""噢，原来是这样。"酒家就答她，"那你怎么样啊？现在是往前走，还是在这里住几天啊？"柳霞就说："我就住今晚，明天我就要去江北那边找丈夫。""照此说来，我是十分可怜你啦。你的丈夫离家三年，全无音信，你又年轻美貌，是不是你丈夫变了心了？""酒家，你不要乱说！我丈夫绝不是那种没良心的东西。""啊，现在兵荒马乱，拉丁拉夫，也许你丈夫死在刀枪之下。""酒家，你不得胡言乱语！""你家中老母多病，不用人照应？你自己一个人孤雁独飞、飘南荡北，光阴可是难度？你现在还年轻漂亮，何不如跟随我合家过日子算了。""酒家，你横蛮不讲理！此处投宿不得，我得赶快走！"后来柳霞就拿起包袱准备要走。酒家说："你往哪里走？""酒家，我要去找我丈夫。""你现在是我手中的糍粑，我让你圆就圆，我让你扁就扁。""酒家你不要胡来。救命啊！救命啊！""你胆敢嚷声叫喊，那我就宰了你的狗命。"

后来柳霞就想办法了：今天看来逃脱不了，我要想个办法，要让酒家相信我，我要搞个谜语，搞哑式的给他猜，如果他能猜得中，我才依他，如果猜不中的话，我就回去找我丈夫。"酒家，你既然想要娶我，你要答应我一个条件，我打哑语，你看看。"她手指天，又再指地，又指辜嘉，又指自己，伸出五只手指，再伸两只手指。"酒家，看你怎样猜。""那我猜得中，你就嫁给我了哦。""是的，如果你猜不中，那我自己回去找我的丈夫。""好！""一指苍天天为父，二指大地地为母。指我辜嘉为你夫，后指你柳霞为我妻。五只手指生五男，两只手指生儿女。啊，我辜嘉猜对了。""酒家，你猜的与我给你猜的离题千里，牛头不对马嘴，真是太可笑了。"后来酒家就说："我明明猜对了，你为什么说不对？那么，我们就找公堂大老爷帮我们审审理。""好，那就找公堂大老爷审理。"立刻升堂，辜嘉和柳霞就进去，进到里面。公堂大老爷就说："你们两个要升堂做什么啊？""大老爷，我先说，我刚打了一个谜语，给辜嘉酒家猜，他说的不对，他一定非要到衙门来审审理，那就请大老爷帮我们审审理。""那你辜嘉是怎样猜的啊？"辜嘉就把当时猜的说给大老爷听，大老爷说："啊，你辜嘉猜的也对啊。""照此说来啊，"柳霞就说，"公堂大老爷，他猜的离题千里，牛头不对马嘴。""那姑娘又是怎样猜的啊？""一指苍天天不容，二指大地地不摇。先指他辜嘉有妇之夫，后指我柳霞有夫之妇。五只手指，要罚辜嘉五十大板。两只手指，要罚他两年坐牢。""啊，辜嘉是这样的呀！"公堂大老爷讲，"把辜嘉打下地牢两年，重打五十大板。""谢谢！"柳霞就说，"谢谢大老爷的开恩。呀，今天能够帮我伸冤，我非常感谢大老爷。""柳霞，此案审理完毕，你就回家吧。"后来柳霞就谢谢大老爷，转身出了公堂。

她走到了家里，发现了自己丈夫和妈妈在家说说笑笑，她就明白她丈夫回来了，一家人抱头痛哭。"勤郎啊，我终于找见你了，你离家三年，全无音信，母亲又病，我多着急啊。我差不多被人家，被那个辜嘉拐走了！""有这样的事啊？""是啊！现在好了，我们一家团聚，团团圆圆，我们要过我们的幸福日子了。"母亲也身体健康了，他们一家开开心心。

这个故事就讲完了。

武鸣官话

扫码听音频

黄二报喜　手拿白布长街卖，哪个买，哪个买呀买。黄二心中喜开怀，哪个了嗨嗨。卖得银钱拿去赌，多买年货回家来，多买年货回家来。哪个了嗨嗨，卖布哦。

千里同新娘　坐在江岸开言硬，真心哥哥听分明，关前路口人盘问，你叫小妹怎样行。

老鬼连啊老鬼连　老鬼连啊老鬼连，你这老鬼不抵钱，好像园里的老芥菜，煮起来害我撒油盐。嘿嘿！老鬼连啊老鬼连，别看老鬼不抵钱，好像你手中的黑皮蔗，吃起来还是老的甜。

下雨梭梭　下雨梭梭，杨梅唱歌，唱到东门李大哥。大哥穿草鞋，二哥打赤脚，三哥不奈何。讨个老船婆，船婆生个崽，名字叫蚂拐。蚂拐头上有点血，劏鸡劏鸭做满月。公一碗，婆一碗，打烂公公菊花碗。婆也骂，公也打，打来打去臭王八。

广西客家方言

广西客家方言的历史来源

　　客家方言的形成与客家族群的发展历史有着密切的关系。"客家"（或"新民"）是与当地的世居民族相对而言的一种称谓。客家族群是汉民族的重要组成部分，其先民是中原汉人，后因战乱或自然灾害等逐渐南迁。自东晋以来，中原因战乱而动荡不安，客家人的祖先陆续南迁到今江西中部一带躲避战乱；唐末黄巢起义，同样也是因为躲避战乱，客家人又陆续从今河南、江西中部迁徙到江西南部、福建西部和广东东部，客家族群的居住区域不断扩大。至宋朝，居民户籍开始有主、客之分，常把从外地迁入的移民编入客籍，一般认为这是"客家"称谓的得名之由。

　　广西是客家人聚居的重要地区，客家人的分布几乎遍及广西全境。追溯历史，迁桂的客家人主要来自广东的嘉应州（今梅州地区）、惠州府（今惠州地区）、潮州府（今潮汕地区）和福建的汀州府（今龙岩地区），少量来自江西和湖南。客家人迁桂，最早可追溯到宋元时期，这个时期迁桂的客家人的人口规模很小，迁入地主要以桂东北地区为主，江西客家人构成了该时期广西移民的主体。客家人大规模迁桂主要在清朝，尤其是 18 世纪以后，当时清王朝的统治地位较为稳固,社会环境相对安定,社会生产力也有了一定的发展,但随着人口的增加,地少人多的矛盾越来越突出,这就促使客家人往人少地多的地区迁徙,大量客家人从广东东部和西部、福建西部及江西南部迁入广西。随着客家移民的迁入,客家方言也随之传入广西。

客家方言传入广西大体可通过陆路和水路两大路线。陆路分为三条:一是从粤北经连州到贺州部分地区;二是从粤西经怀集到贺州信都,经信宜到玉林的北流、容县,经廉江到玉林的陆川、博白等地;三是从湘南经江华进入贺州八步,经江永进入贺州富川,另沿湘桂走廊进入桂林兴安一带。水路主要有两条:一是沿西江直上,到封开、梧州后,再沿贺江、桂江、浔江、北流江、黔江、柳江、融江、龙江、红水河、郁江、邕江、左江、右江等支流奔向八桂各地;二是从南海到北部湾,经南流江、钦江、茅岭江到达桂南各地。

由于广西客家方言呈小集中、大分散的分布格局,大部分地区的客家方言与其他汉语方言或少数民族语言有着密切的关系,从而相互影响、相互交融。正因为广西大部分地区的客家方言与其他汉语方言或少数民族语言交相分布、接触密切,所以大多数广西客家人是"双语(双方言)人"或"多语(多方言)人",这与广东、福建和江西的客家人大多数只讲客家方言的情形明显不同。

据不完全统计,目前广西使用客家方言的人口约700万,在广西以汉语为母语的人口中,其规模仅次于粤方言和西南官话(桂柳话),位列第三。同时,广西也是继广东、江西、福建之后的全国第四大客家方言分布地区。

广西客家方言的特点

　　客家族群向心力强，对母语的忠诚度较高，素有"宁卖祖宗田，不丢祖宗言"的祖训，因此，客家方言内部的一致性较强，全国各地的客家方言乃至海外的客家方言，彼此之间大都能基本互通。广西客家方言主要有梅州声、河源声、河婆声等几大类，各地客家方言之间通话完全没有问题，但彼此之间也存在一定的差异。以下通过广西客家方言与中古汉语的比较、广西客家方言与普通话的比较，以举例的方式简要谈谈广西客家方言普遍共有的特点。

广西客家方言的语音特点

　　声调数量与普通话有别。广西客家方言的声调一般是 6 个，而普通话的声调是 4 个。

　　较为完整地保留了中古汉语普遍存在的入声调。"七、十、脚、力"等古入声字在广西各地客家方言中仍读入声，而中古汉语的入声调在普通话中已消失，"七、十、脚、力"等古入声字在普通话中已改读为阴平调（第一声）、阳平调（第二声）、上声调（第三声）、去声调（第四声）。今天我们在朗诵唐诗宋词的时候，有些诗句如果用普通话来读，其平仄规律是有问题的，但用客家方言来读，则完全没问题。比如：

送友人

（唐）李白

青山横北郭，白水绕东城。

此地一为别，孤蓬万里征。

浮云游子意，落日故人情。

挥手自兹去，萧萧班马鸣。

　　如果用普通话来读这首律诗，首联和颔联（前四句）就成了"平平平仄平，平仄仄平平。仄仄平平平，平平仄仄平"，而唐朝律诗第三句最后一个字一般是仄声调，且同一联中上、下两句的平仄常是相对的。难道真的是该古诗平仄失对？事实并非如此。"北""郭""白""一""别"五个字在中古汉语中都读入声，为仄声。由于客家方言保留了入声调，因此用客家方言来读这首古诗，首联和颔联（前四句）则体现为"平平平仄仄，仄仄仄平平。仄仄仄平仄，平平仄仄平"，其联内平仄相对，完全符合五言律诗的平仄规律。

　　少量字音仍留存上古音。比如，广西客家方言一般用"知得"一词表"知道、明白"之义，其中"知"的声母不是普通话中的 zh，而是声母 d，这是保留了汉语上古音的读法，留存了上古汉语"古无舌上"的特点。又如，广西客家方言称"狗叫"为"吠"，"吠"的声母不是 f，而是 p，这种情况就像《阿房宫赋》中的"房"不能读成"fáng"要读成"páng"一样，同样是保留了汉语上古音的读法，留存了上古汉语"古无轻唇"的特点。

没有翘舌音声母。普通话中读翘舌音声母 zh、ch、sh 的字，如"只、朝、炒、茶、伤、时"等，在广西客家方言中都读为平舌音声母 z、c、s 或读为舌叶音（我们吹口哨时的口形和舌形状态，就接近舌叶音的发音状态）。

存在 f、h 声母不分的现象。如"花、灰、会"等字的声母，广西客家方言均读为 f，以至于在说普通话的时候，常常把"开花"误说成"开发"，"灰尘"误说成"飞尘"，"会务"误说成"废物"。

有后鼻音声母和舌面前鼻音声母。如"我、鹅"等字的声母，广西客家方言基本都读后鼻音声母（即舌根上抬与软腭接触发出的鼻音）；"二、热"等字的声母，广西客家方言多读为舌面前鼻音声母（即舌面前部上抬与硬腭前部接触发出的鼻音）。

一些普通话读为零声母的字，在广西客家方言中声母读为 m。如"尾、味、忘"等，在广西客家方言中声母均为 m。

有闭口韵母。如"斟、深、衫"等，广西大部分客家方言都读闭口韵（收音时上下唇紧闭）。

没有 ü 或 ü 开头的韵母。如"雨、去、冤"等，在普通话中，加 y 或 q 后，ü 上两点省写，韵母为 u 或 uan，在大部分的广西客家方言中韵母读为 i 或 ian，以至于"雨、去、冤"与"椅、气、烟"同音。客家人在说普通话时很容易把"去不去"误说成"气不气"，把"很远"误说成"很演"。

存在前后鼻音韵母不分的现象。如"英、明、正"这些后鼻音韵母的字在广西客家方言中都读前鼻音韵母，"小英、小明、正反"读为"小音、小民、震反"。

广西客家方言的词汇特点

常用词中留存了不少古语词或古汉语的用法。如普通话中的"翅膀""脸""叫""吃""穿（衣服）""烤（火）""煮（带壳的鸡蛋）"，在广西客家方言中分别说成"翼""面""吠""食""着（衫）""炽（火）""煠（带壳的鸡蛋）"。

部分常用口语词的方言色彩浓郁，与普通话差别甚大。如普通话中的"坝""中午""茄子""女婿""后爹""抬头"，在广西客家方言中分别说成"陂头""晏昼（昼）""矮瓜""阿郎""后来爷""担高头"。

存在有音无字的现象（有时写的是俗字，并不是真正有学理依据的本字）。如表示"跨""躲、藏""合得来""（水）浑浊""（稀饭）稠""痒""躲藏"这些意义时，广西客家方言中均只有音，没有能写得出来的相应汉字。

广西客家方言词语与普通话词语对比。比如，"（脾气）犟"在广西客家方言中多说成"硬颈"。"煤油"在广西客家方言中多说成"水火油"，个别地方说成"火水""火油"。"上午"在广西客家方言中多说成"上昼""早朝"，个别地方说成"上午""上晏昼"。"末尾"在广西客家方言中大部分说成"跟尾"，个别地方说成"最后尾""最背尾"。"下来"在广西客家方言中大部分说成"落来"，个别地区仍和普通话一样说成"下来"。"蚂蚁"在广西客家方言中大部分说成"蚁公"或"蚁"，个别地方和普通话一样说成"蚂蚁"。"虱子"在广西客家方言中大部分说成"虱嫲"。"公牛"在广西客家方言中大部分说成"牛牯"，个别地方说成"牛公"。

广西客家方言的语法特点

量词的种类和使用方法与普通话存在差异。客家方言的量词"只"，可称得上是"万能名量词"。如普通话中的"一个人""一头牛""一条狗""一条鱼""一粒米"，在广西客家方言中大部分说成"一只人""一只牛""一只狗""一只鱼""一只米"。

程度副词与普通话存在差异。普通话中的程度副词"很""太"等，在广西客家方言中与之相应的是"好""太过"。如"很好吃"会说成"好好吃"，"太胖"会说成"太过肥"。

否定副词只有"冇（没）"而无"不"。如普通话"他不愿意说""他不想去""他没来""他没给我"等，其中的"不、没"在广西客家方言中均用"冇（没）"，分别说成"渠冇愿讲""渠冇想去""渠冇来""渠冇分偓"。

动态助词与普通话有差异。普通话中表示正在进行或持续状态的助词"着"，在广西客家方言中常用"等 / 倒"。如"吃着饭"会说成"食等 / 倒饭"，"灯亮着，人又不见"会说成"灯亮等 / 倒，人又冇见"。

被动句的标记用介词"分"或"着"，而非"被"或"让"。普通话中被动标记主要是用"被"或"让"，广西客家方言中被动标记多为"分"或"着"。如"鱼被猫吃了"在广西客家方言中常说成"鱼分 / 着猫食开"，"让他猜对了"常说成"分 / 着渠估中哩"。

存在语序与普通话有别的现象。如普通话的"给我一本书""给我一件衣服""打不过他""我比他高""我先吃"，在广西客家方言中常说成"分本书偓""分件衫偓""打渠冇过""偓高过渠""偓食先"。

广西客家方言中的文化内涵

　　语言是族群的灵魂，是族群文化重要的载体。广西客家方言中承载着历史地理、风土人情、生活方式、价值观点、审美情趣等丰富的文化内涵。在此，我们将通过举例的方式，运用讲述小故事的方法，从一些侧面揭示广西客家方言中蕴含的丰富的文化内涵。

　　广西客家方言中留存了大量古语词，折射出浓郁的中原文化底蕴。

　　"月光"指称"月亮"。广西客家方言中有一首流传甚广的童谣："月光光，照莲塘。莲塘背，种韭菜。……"其中的"月光"就是指"月亮"。用"月光"来指"月亮"，最早应该是在南北朝时期，如北齐荀仲举的《铜雀台》："高台秋色晚，直望已凄然。况复归风便，松声入断弦。泪逐梁尘下，心随团扇捐。谁堪三五夜，空对月光圆。"这里的"月光"就是指"月亮"。

　　"翅膀"称为"翼"。广西客家方言均用古语词"翼"称鸟类、禽类的翅膀。比如，《说文解字·飞部》："翅者，翼也。"《广韵》："翼，羽翼。"现在普通话口语里一般不说"翼"，而说"翅膀"。

"厨房"称作"灶下"。把"厨房"称作"灶下",在汉朝就已经出现,如《东观汉记》:"长安为之语曰:'灶下养,中郎将;烂羊胃,骑都尉;烂羊头,关内侯。'"还有唐朝高适的《宋中遇林虑杨十七山人因而有别》:"檐前举醇醪,灶下烹只鸡。"其中的"灶下",就是今天我们所说的"厨房"。

"筷子"叫作"箸"。比如,《说文解字·竹部》:"箸,饭攲也。"《玉篇·竹部》:"箸,除庶切,筴也,饭具也。"唐朝李白的《行路难》:"停杯投箸不能食,拔剑四顾心茫然。"广西客家方言把筷子叫作"箸"也是沿用了古语词。

"姐姐"一般叫作"阿姊"。这也是古语词的沿用。比如,《木兰诗》:"阿姊闻妹来,当户理红妆。"唐朝李商隐的《骄儿诗》:"阶前逢阿姊,六甲颇输失。"其中的"阿姊",就是今天我们所说的"姐姐"。

"吃、喝"均称为"食"。广西客家方言中表示吃和喝两个动作均用"食",如"食夜(吃晚饭)"和"食水(喝水)",这也是古语词的沿用。早在古代,人们就用"食"来表示吃、喝、饮等动作,如《诗经·魏风·硕鼠》:"硕鼠硕鼠,无食我麦!三岁贯女,莫我肯德。""饮"在玉林陆川乌石镇客家方言里用于喝茶和喝酒这两个动作,如"饮烧酒(喝酒)"和"饮茶(喝茶)"。这是一个古语词,最早出现在《诗经·小雅·常棣》:"傧尔笾豆,饮酒之饫。兄弟既具,和乐且孺。"

"嫽"指"玩耍"。如"冇好嫽(不好玩)""捞渠嫽下(跟他玩一下)"等。这也是一个古语词,北宋《广韵》记载:"嫽,相嬲戏也。"

"人客"指"客人"。用"人客"表示客人，最早见于隋朝侯白的《启颜录》："徐之才又尝宴人客，时有卢元明在座。"唐朝杜甫的《遣兴》："问知人客姓，诵得老夫诗。"唐朝白居易的《池上即事》："家酝瓶空人客绝，今宵争奈月明何。"

"雷"称"雷公"。把"雷"叫作"雷公"，其实从汉朝就有了，如王充的《论衡》："图画之工，图雷之状，累累如连鼓之形，又图一人，若力士之容，谓之雷公。"还有唐朝韩愈的《双鸟诗》："雷公告天公，百物须膏油。"宋朝吴潜的《水调歌头》："屯结海云阵，奋击藉雷公。"明末李渔的《笠翁对韵》："河对汉，绿对红。雨伯对雷公。"

"晡"指"晚上"。比如，"今晡夜（今天夜晚）"。北宋《广韵》记载："晡，申时。"它的本义是指下午三时至五时这个时段，后引申为"晚上"，如唐朝杜甫的《大历三年春白帝城放船出瞿塘峡久居夔府将适江陵漂泊有诗凡四十韵》："绝岛容烟雾，环洲纳晓晡。"诗中"晓"和"晡"相对，"晓"指天亮的时候，"晡"则指夜晚。

"旧年"指"去年"。"旧年"指去年的用法在唐朝就已经出现，如唐朝张说的《岳州守岁》："歌舞留今夕，犹言惜旧年。"唐朝王湾的《次北固山下》："海日生残夜，江春入旧年。"宋朝吴文英的《水龙吟》："望春楼外沧波，旧年照眼青铜镜。"

"偂"指还没有生蛋的母鸡。这也是古语词的沿用。《尔雅·释畜》："未成鸡，偂。"郭璞注："江东呼鸡少者曰偂。"

"揿"表示"按"这个动作。比如，"揿稳（按住）、揿门铃（按门铃）"。宋朝《集韵》记载："揿，按也。"可见，"揿"表"按"之义，宋朝之前就已出现。

"拗"表"折断"之义。"拗"表"折断"之义，早在战国时期就出现了。战国尉缭的《尉缭子·制谈》里就有："将已鼓，而士卒相嚣，拗矢折矛抱戟，利后发。"《玉篇·手部》也说："拗，拗折也。"还有唐朝温庭筠的《达摩支曲》："捣麝成尘香不灭，拗莲作寸丝难绝。"

"行"表"走"。广西客家方言用"行"表"走"义，如"你行先（你先走）"，这也是古语词的留存。《说文解字·行部》："行，人之步趋也。"唐朝刘禹锡的《春词》："新妆宜面下朱楼，深锁春光一院愁。行到中庭数花朵，蜻蜓飞上玉搔头。"

"走"在广西的部分客家方言里表"跑"的意思，如"冇走咁快（不要跑那么快）"。"走"的古义就是跑，比如，《释名·释姿容》："徐行曰步，疾行曰趋，疾趋曰走。"唐朝李贺的《马》："何当金络脑，快走踏清秋。"唐朝曹邺的《官仓鼠》："官仓老鼠大如斗，见人开仓亦不走。"

"转"表"回"。广西客家方言均用"转"表"回"义，如"转屋家（回家）""转去（回去）""转来（回来）"。"转"表示"回"，自古有之，如《玉篇·车部》："转，回也。"

"争"表"相差"之义。广西客家方言表"相差"之义均用"争"，如"争滴一百分（差点就得一百分）"。这也是古语词的沿用，早在唐朝就用"争"表示"相差"的意思，如唐朝杜荀鹤的

《自遣》："百年身后一丘土，贫富高低争几多。"

用"自家"指称"自己"。广西客家方言中均用"自家"指称"自己"，这也是个古语词，唐朝施肩吾的《望夫词》就有"自家夫婿无消息，却恨桥头卖卜人"这样的诗句。还有宋朝刘过的《天仙子》："烦恼自家烦恼你。"

"牯、公"尾词、"嫲、婆"尾词的文化意蕴。在广西客家方言中，"牯、公"一般表示雄性或者同类中的强者；"嫲、婆"一般表示雌性，有些时候含有贬义或者"讨厌"义。比如，"猪头公、鸡公、猪牯、猫牯、手拇公、昌牯（名字最后一个字为'昌'的男性昵称）"等都是同类事物中的雄性或强者。"猫嫲、鸡嫲、珍嫲（名字最后一个字为'珍'的女性昵称）"等指的都是雌性，这时候没有褒贬情感之别。"老虎嫲"既可以表示雌性老虎，又可以表示凶恶、不讲理的女人。"多嘴婆、野嫲"等含有贬义，"虱嫲"含有"讨厌"义。"公"和"牯"在广西客家方言中有时也可以用来指称事物，这时"公""牯"蕴含着"显露""突出"之义，如"拳头牯、石牯"等；"嫲"在指称事物时可表示"内隐"之义，如"舌嫲（舌头）、勺嫲（水勺）、笠嫲（斗笠）"等。

称"外公、外婆"为"姐公、姐婆"。广西客家人称"外公、外婆"为"姐公、姐婆"；山西有的方言称外祖父为"简爷"、外祖母为"简婆"（临县、离石），有的则称"讲爷""讲婆"（兴县），其中的"简""讲"应是由"姐"音变而来。这属于一种文化上的避讳现象——借"降辈"称谓实现"以称补命"的愿望。

　　下面列举体现广西客家人独特认知文化的一些特色方言词。

　　"钢笔"称作"水笔"。普通话是选用钢笔的制作材料"钢"作为构词语素，广西客家方言则是根据钢笔要使用墨水来书写的这个属性而选择"水"这个语素。

　　"长冻疮"称作"生萝卜"，"腮腺炎"称作"猪头肥"。这是广西客家人根据人们生冻疮时的形状、患腮腺炎时的外形而造的特色方言词。

　　"青苔"叫作"溜苔"。普通话是根据"青苔"的颜色来造词，广西客家方言却是根据青苔表面滑溜溜的这种属性而把它叫作"溜苔"。

　　"脚"作为后缀，用以指沉在液体底下的东西或事物的残余物。如"药脚"是指"药渣"，"布脚"是指"碎布"，"汤脚"是指"汤底"等。

　　广西客家方言中的避讳文化意蕴。"生病"在广西客家方言中叫"唔自然（不舒服）""唔雄""唔健""唔乖（小孩生病）"；"药"则婉称"茶"或"灵丹"，"开药方"则称作"开单子"。这些语言现象均蕴含有"讳病忌药"的避讳文化意蕴。病人康复后，忌吃带"番"字的食物，如"番豆（花生）""番瓜（南瓜）""番薯（地瓜）""番鸭"，因为忌讳"翻"，即怕旧病复发。在部分广西客家方言区，"七""八"两个数字不受欢迎，凡与"七""八"有关的说法多带有贬义色彩，如"穷鬼八败（败家子）""属里八糟（肮脏）""胡七八讲（胡诌）""七古八搭（杂乱）""撞头七（暗指死于农历每月的初一）""七冇去，八冇转（逢七不出门，逢八不回家）"。因此，喜庆日子一般不选择逢"七"或"八"的日子。

在民俗中，常用谐音表示美好祝愿。如春节走亲戚时，亲戚总在竹箩中放几根鲜嫩的大蒜，因"蒜"同"算"同音，寓新年新打算或万事合算之意；或在竹箩中放几根雪白的萝卜头，客家方言称萝卜为"菜头"，与"彩头"谐音。青年人结婚常在棉被、蚊帐中放入"枣子"或"榄子"，让闹洞房的人去抢吃，寓意新婚夫妇"早生贵子"或"早揽贵子"。

"围屋"之名的文化内涵。在客家文化中，"围屋"是典型的代表性元素。关于"围屋"之名的由来有两种说法：一是从材质结构角度而言，它是以中原固有的干打垒土木工艺技术建造的，所以叫"土围屋"，反映出建筑的工艺特色；二是从形体结构角度而言，传说某大臣南迁任职时向皇帝辞别，皇帝给他画了个圈，他到迁居地后就依圈建房，因此叫"围龙屋"。我们认为，"围屋"之名，既有描摹房子结构形状的字面意义，又有反映客家人心向家国的"向心力"的深层文化内涵。

广西客家方言音频材料

上林客家话

扫码听音频

月光光　月光光，秀才郎。骑白马，过莲塘。莲塘背，种韭菜。韭菜花，结亲家。亲家门前一口塘，捉只鲤鱼八尺长。长个拿来做菜食，短个拿来娶新娘，短个拿来娶新娘。

月光光　月光光，秀才郎。船来接，轿来扛。一扛扛到河中央，虾公老蟹拜龙王，龙王脚下一枝花，拿□给阿妹转外家，转到外家笑哈哈。

七啦啦索啦啦　七啦啦索啦啦，七啦啦索啦啦，七啦索啦七啦索啦，啦啦七啦索索。客家民间传民谣唎呜哇，五月端午放纸鹞，呜呐呐呜，七月十底吹呐喉，吹呐喉。

排排坐　排排坐，唱山歌。爷打鼓，仔打锣。新舅灶背炒田螺。田螺壳，□刺到家官脚。家官叫呀呀，新舅笑哈哈。

朝霞冇出门　朝霞冇出门，晚霞行千里。乌云接落日，不落今日落明日。热头接夜，有米冇借。蚁公搬家忙，大水淋崩塘。

冇落水　冇落水，先唱歌，落水也冇多。东闪西闪冇雨点，南闪三夜，北闪就射。春天暗树木，懒人冇出屋。一点水，一只雹，落到冇记着。早朝落水食朝晴，食朝落水大冇晴。

山娘婆的故事　　从前有一个妇女，她的丈夫去外面做工，家中有一对儿女。有一天，家里没有油盐了，她想上街（买），她就对她的孩子说："你在家等哦，我上街去买猪肉回来，今晚煎油煮菜。"她的女儿就说："我也去。"她说："不行，你在家带弟弟。""我带不了。"她的女儿说。她说："你带不了，我就去叫外婆来帮忙带，和你一起带（弟弟）。"她说这些话的时候，就正好被那山娘婆听到了，它一天一夜没有吃东西，那肚子饿得咕噜咕噜直响，正好进来听到。（山娘婆）心想："好了，等你出去了，我就进屋去把那两个孩子都吃了。"

然后山娘婆看到那个妇女出去了，她就偷偷地走过来，敲门："哎，阿妹呀，开门呀。我是你外婆呀，开门给我进去呀。"姐姐说："哎，我外婆的声音不是这样的呀。"她说："哎，这段时间我有一点感冒，声音有点变了，我是你的外婆呀。"姐姐说："我不相信啊，如果你是我的外婆，你就伸手进来给我看一下。"然后山娘婆就把手伸了进去。（山娘婆）伸手进去，姐姐说："不是，你不是我的外婆。你的手这么毛糙。""哦，手毛糙吗？我伸另外一只手给你看。"然后她就打了一个鸡蛋擦在手上，她把这只手伸进去。"哎，你看看，我这手光滑吗？"姐姐摸啊摸，哎，有一点滑哦，她就开门给山娘婆进来了。

山娘婆进门就看到房子中间有一笼鸡，她把小鸡抓来杀了，蒸好了，她心想可以吃了。那个姐姐就说要搬凳子给山娘婆，姐姐说："外婆要坐凳子呀。"山娘婆回答："不坐不坐，外婆的屁股生疮了，坐鸡笼就可以了。"说着，她就去鸡笼那里坐下去。那鸡就开始叫起来，姐姐说："外婆，为什么那鸡会叫呢？"（她说：）"外婆的屁股生疮了呀，那脓掉下去，鸡抢来吃，所以它就会叫。"那个姐姐就说上去把她的弟弟叫下来。山娘婆吃完了那笼鸡后，也赶紧上床。她说："阿妹，你到下面去。你下去看家，我在上面和弟弟在一起就行了。"山娘婆进来主要是想把那个姐姐骗走，好下手吃她的弟弟。然后那个姐姐就下去看家了。山娘婆就上床把她的弟弟剥了吃了。（山娘婆）把弟弟剥开吃了，那姐姐就说："外婆，为什么上面会有这么多血流下来？"她答道："不是呀，是弟弟屙尿，尿流下来了。"那姐姐就不再继续问了。（不久，）姐姐又说："为什么你这么久不下来啊？"又听到上面有嚼东西的声音，姐姐就问："是什么东西在响啊？"（山娘婆说：）"哦，是你的外公在外面做工，弄了点黄豆回来，拿来下酒吃，没吃完，我就放在袋子里，现在我在吃这些黄豆。"姐姐说："我也要吃，我也要吃。"山娘婆回答："不行，小孩子不能吃黄豆。"姐姐说："我不，我也要吃。"然后姐姐耍赖非要吃，她就摘一只弟弟的手指扔给姐姐吃。姐姐一见到，心想："哎，这哪儿是黄豆？是她把我弟弟吃了吧？"姐姐就冲出去，想把这事儿告诉隔壁邻居。

　　那姐姐跑出去后，山娘婆就说："不好了，她出去通风报信了，我得溜了。"然后山娘婆走了出去，正好碰到一个卖盐的。（山娘婆说：）"哎呀，那个阿哥呀，我的头好痛哦，要什么东西来放呀？"卖盐的说："放一把盐下去就好了嘛。我这儿有盐呀，你拿一把盐放到头上。"她说："是吗？那你就给我一把盐放到头上吧。"她就放了一把盐上去，那盐腌着头皮，她更加疼了。她就继续走，走着走着遇到一个卖石灰的。卖石灰的走过来，她说："哎呀，阿哥呀，我的头好痛哦，要什么东西来放才会好啊？"卖石灰的说："要一把石灰放上去就好了嘛。"石灰腌得她半死不活，连连喊痛。她赶紧冲到田那边去，看到一个在田边灌溉的农民。她说："阿哥啊，快点来哦，我的头好痛哦。"那农民说："不要紧。""要什么东西来放？"她说。"你伸头过来洗啊，我开水给你洗头，洗干净就不痛了。"她相信了农夫的话，把头伸过去，那农夫拿起锄头，挥锹一铲，只见手起头落，那山娘婆一命呜呼，变成了蚂蟥。蚂蟥进到田里也是吃人肉、食人血的呀。山娘婆就说出了这句话："我在人间是要吃人肉的，在水里也是要食人血的。"这个山娘婆的故事就是这样了。

博白客家话

月光光　月光光，照四方。马来等，轿来扛。扛□什么人，扛老陈。老陈冇回家，扛阿妈。阿妈去厕屎，扛二姊。二姊爱炒菜，扛老妹。老妹爱□喂鸡，扛老弟。老弟会烂叫，扛空轿。扛到番薯田，捡文银，买花针，插观音。观音门口有张塘，有条鲤鱼八尺长。埋＝样尺，观音尺。□什么人量，观音量。观音□□转，就一家分一碗。

贼偷个三三个　贼偷个三三个丢啊了得久啊兜，哩呀啊金牡丹那，久冇得见妹啊哥心忧，像阿＝样地办，一对鸳鸯对凤凰啊。

简＝久得冇见哩阿娇妹个面那，哩呀兜金牡丹那，啊问妹度何处得去旅游，像样地办，一对鸳鸯啊对凤凰啊。

兄也得丢久只妹丢久啊，哩呀金牡丹那，水推只七月得过了秋，金牡丹，一对鸳鸯对凤凰啊。

隔久得冇去个江啊边啊嫽那，哩呀兜金牡丹那，泥塞只江河个水断流，系冇错，一对鸳鸯那对凤凰啊。

当初个共妹个去得柳个州那，哩啊金啊牡丹那，哥牵只妹手几风流，像样地办，一对鸳鸯对凤凰啊。

一来度看，一来度唱歌个二度看得景那，哩呀金牡丹那，快活地忘记了转屋头，像样地办，一对鸳鸯对凤凰啊。

阿花十　这个故事的名字叫作"阿花十"。这里有个人他排行第十，他喜欢说假话，且非常狡猾，所以，我们都叫他"阿花十"，又叫他"阿猾十"。

听说他谈婚论嫁的时候，媒人给他介绍对象，他先骗了再说。当时他和一个女的讲："你嫁给我，很好的，早上吃鱼，晚上吃肉，中午吃鸡。"早上吃鱼，晚上吃肉，中午吃鸡。这个女人一听他这么说，认为他的生活条件很好啊，她就说："我先讲清楚，我在家没有做惯农村的这些苦力活，农村这些苦力活我不会做的啊。到时我跟了你，我只干一点轻松的活。""这样呢，"他又回答，"做不做都随你啊。"这个女的一听："好呀，随便做也行，不做也行。"这个女的很高兴地就答应了，跟他过日子。

　　谁知道，嫁给他以后，实际上不是这样的，他家不知道有多穷，生活非常困难。这个女的就质问他："那你又说早上吃鱼，夜晚吃肉，中午吃鸡，我都没有吃到呀！"这个阿花十说："我哪里这样讲过，你听错了吧，我讲的是，早上吃红薯，夜晚吃粥，中午饿肚子。"哎，早上吃红薯，晚上吃稀饭，中午没有饭吃，肚子饿得咕咕叫。这个女的又问他："你说我跟着你不用做什么工，你现在又要我做？""这我当时没有说吗？做不做都捶你。"说着，大拳头就打到女的身上，大脚就踢向女的。"你做我也捶你，不做我也捶你。"原来他说的不是随便的"随"，而是捶打的"捶"。这个女的听他这么说，才知道自己被他用嘴活活给骗了。

　　她就把这些情况讲给她的爸爸听。她的爸爸就说："跟不跟都已经结婚了。人家说了，嫁鸡随鸡，嫁狗随狗，嫁给石头就抱着走，你就慢慢地适应他吧。"说是这样说，她的爸爸还是要帮自己的女儿，想试一下阿花十。有一次，她的爸爸就叫阿花十来，对他说："人家说你很狡猾，说树上的鸟你也能把它喊下来，我来试试看，看你行不行。"然后，他就拿了一张板凳，坐在第二层楼上，说："阿花十，我现在坐在这里，看你有本事把我叫下去吗。你能把我叫下去，我就算你厉害。"这个阿花十望了望岳父，又想了想，说："爸爸，你坐在上面，你是一个人，你不肯下来，谁能叫你下来呢？你和我作对，你有意不下来，我不可能叫你下来呀。不过呢，你在下面，我就可以把你喊上去。""是不是呀？在下面，你可以把我喊上来？""是，不信你就下来。"结果呢，岳父就拿了凳子，下来了。正当他下来的时候，阿花十哈哈大笑。这样，岳父就知道上当了。哎！他已经把他的岳父成功骗下来了。

宁明客家话

扫码听音频

笼谷哧嚓　笼谷哧嚓，踏米煮夜。冇米煮，煮泥沙。冇饭食，食木叶。冇凳坐，坐木丫。木丫爆，夹出尿。木丫裂，夹出□屎。

月光光　月光光，照地方。马来等，轿来扛。扛满=人？扛老陈。老陈不在家，扛渠阿爸。扛到哪里去？扛到观音门口去。观音门口有张塘，有条鲤鱼八尺长。鱼头给姐公做砧板，鱼尾给姐婆做锅铲，鱼中砍着给阿娘。

火萤虫眨眨融　火萤虫眨眨融，眨到竹根斩竹筒。竹筒开三花，屎窟扭天蛇。天蛇好做药，屎窟挖铜勺。铜勺好舀酒，屎窟烂到年初九。

两姊妹　两姊妹，踏猪菜，踏死鸡嫲赖老妹。老妹惊，跳落罂缸。罂冇水，捡到雷=。雷=有头，骑黄牛。黄牛肥，骑找□。

马烁烁　马烁烁，尾长长。嫁大姊，冇衣裳。嫁老妹，十八箱。老妹问你叫买=西=？叫爷嫒心冇平！

眼睡睡　眼睡睡，眼睡睡。一边眼睡一边开，一边眼睡睡三觉，一边眼睡等情来。（唱）眼睡睡啊，一边眼睡一边开。一边眼睡睡三觉，一边眼睡等情来。

朝朝行过芭蕉根　朝朝行过芭蕉根，摘条芭蕉跟哥分。芭蕉噉甜哥冇食，辣椒噉辣带皮吞。（唱）朝朝行过芭蕉根啊，摘条芭蕉跟哥分。芭蕉噉甜哥冇食，辣椒噉辣带皮吞。

上高岭顶有墩姜　上高岭顶有墩姜，问哥真姜系假姜？真姜假姜妹爱问，问哥住在哪条乡？（唱）上高岭顶有苑姜啊，问你真姜系假姜？真姜假姜妹要问，问哥住在哪条乡？

冇几远　冇几远，同只热头同只天，同只主席来领导，同只公社同只县。（唱）冇几远啊，同只热头同只天，同只主席来领导啊，同只公社同只县。

上高岭顶种黄豆　上高岭顶种黄豆，黄豆生来绿油油。黄豆打花妹去看，黄豆结果哥去收。（唱）上高岭顶种黄豆啊，黄豆生来绿油油。黄豆打花妹去看啊，黄豆结果哥去收。

睡落龙床心思思　睡落龙床心思思，想妹发病望哥扶。三魂七魄跟哥去，哥你梦见小妹冇？（唱）睡落龙床心思思啊，想妹发病望哥扶。三魂七魄跟哥去啊，哥你梦见小妹冇？

日头出来一点金　日头出来一点金，照到黄河芥菜心。芥菜生来十八张，张张都系噉干净。（唱）日头出来一点金啊，照到黄河芥菜心。芥菜生来十八张啊，张张都系噉干净。

芥蓝菜　芥蓝菜，几时得食芥蓝心，几时同哥在一起，几时同哥共面巾。（唱）芥蓝菜啊，几时得食芥蓝心，几时同哥在一起啊，几时同哥共面巾。

耐冇唱歌忘记歌　耐冇唱歌忘记歌，耐冇撑船忘记河。耐冇问哥哥嫩妹，哥嫩妹来又如何？（唱）耐冇唱歌忘记歌啊，耐冇撑船忘记河。耐冇问哥哥嫩妹啊，哥嫩妹来又如何？

油柑细细冇当食　油柑细细冇当食，小妹细细冇当连。想食油柑等十月，想恋小妹等十年。（唱）油柑细细冇当食啊，小妹细细冇当连。想食油柑等十月啊，想恋小妹等十年。

千祈千　千祈千，千祈冇耕远路田，耕得好田人偷割，恋得好情人偷连。（唱）千祈千啊，千祈冇耕远路田，耕得好田人偷割啊，恋得好情人偷连。

十只佬　十只佬，扛块笪。扛上岭，任你擦。（谜底：毛巾洗脸。十只手指拿毛巾在脸上上下擦，就像十个人扛一块笪，扛上岭，任你擦。）

皮青青　皮青青，骨皱皱。大人估三日，仔儿估晏朝。（谜底：毛桃。这个毛桃的皮是青的，核的外表又皱巴巴的，所以是毛桃。大人就要猜三天，小孩猜到中午。）

上石板　上石板，下石板，中间有条鲤鱼跳弹弹。（谜底：舌头。上面可以跳，下面也可以跳，就像两块石板一样，叫作鲤鱼跳弹弹，就是胴钱。）

青竹蛇　青竹蛇，捧簸箕，鸡嫲带鸡儿。（谜底：芋头。它的秆青青的像条蛇一样，它的叶在上面像簸箕一样，下面的大芋头像母鸡，那些小芋头就像小鸡。）

广西平话和土话

广西平话和土话的历史来源

　　平话在广西各地有各种不同的叫法，如南宁市区部分地方、临桂等地自称为"平话"；融安、融水、罗城等地自称为"百姓话"，也称为"土拐话"（后来迁入的人因为听不懂当地人所说的话，就将其戏称为"土拐话"，意为此话听起来像土蚂拐——青蛙的叫声一样）；横州等地的平话多以地名命名，如"百合土话"等，当地的世居壮族人则称其为"客话"；右江流域等地有很多从事甘蔗种植的人说平话，故又称为"蔗园话"；桂南很多地方的平话常以地名命名，如"宾阳话""亭子话"等；桂林市区部分地方以及灵川、阳朔、永福等地自称为"平话"，或能接受"平话"这一说法，但是桂东北一带多称作"土话"，不太能接受"平话"的说法。我们在此统称为"广西平话和土话"。

　　广西平话和土话的历史来源同样离不开移民这一重要因素。其形成大体可分为两个时期，隋唐时期为桂北平话和土话形成的主要时期，最早的源头为秦始皇南征派来的 50 万大军所带来的汉语；宋朝为桂南平话和土话形成的主要时期，主要源于狄青率 10 万大军平定侬智高起义。

　　秦始皇统一六国后开始着手平定岭南的百越之地。公元前219年，秦始皇派50万大军兵分五路进攻岭南。其中，进入广西的通道主要有两条：一条是越城岭古道，即自湖南境内沿湘江，通过越城岭与都庞岭间的湘桂谷地，进入广西的全州、兴安一带；另一条是萌渚岭古道，即自湖南道县、江华一带通过萌渚岭隘口，进入广西的贺州、钟山一带。公元前214年，灵渠开凿成功，沟通了湘江和漓江，使得从北方进入广西的交通更加便利。秦朝将南征的军队留戍岭南，接着又将中原人徙居岭南"与越杂处"，开了中原汉族移居广西的先河。秦汉至隋唐时期，来自不同地区的汉族人通过这两条古道及水路源源不断地进入广西，汉语也随之传入广西，并与当地少数民族语言接触、交融，逐渐形成桂北平话和土话。由于这些迁入的移民来自不同地区，各自带入广西的汉语本身就存在差异，又受到迁入地的当地少数民族语言等因素的影响，加之山川阻隔，桂北平话和土话在形成的历史过程中呈现出"孤岛"式分布的特点，互相之间不能通话。这也是目前同属桂北平话和土话的各方言之间内部一致性不强、彼此之间常常不能通话的重要原因之一。当然，今天的桂北平话和土话已远非形成时期的样子。后来各个历史时期从北往南迁入广西的移民，桂北地区都是其重要的必经地之一。有的进入桂北就定居下来，有的在桂北生活一段时间后继续南迁，而有的则只是途经桂北地区。无论哪一种情况，都意味着桂北平话和土话在发展过程中，不断与其他语言或方言密切接触、相互影响、相互渗透，以至于今天的桂北平话和土话呈现出历史层次复杂、混合语特征凸显的面貌。

依智高起义后，宋仁宗派狄青率 10 万大军镇压。大军从湖南进入广西，从桂林以北的灵川沿着古官道（即今天的铁路沿线）到达南宁，之后沿着右江到达百色，沿着左江到达龙州，沿着邕江到达横县。依智高起义被平定后，宋王朝把"平南军"留在了广西驻守、屯田，广西成了宋王朝在南方屯兵戍边的重点地区。宋朝驻军一般都带有家属，或与当地女子通婚，不断繁衍生息。他们所带来的汉语，与当地少数民族语言密切接触、相互交融，逐渐形成了一种比较一致的汉语方言——古平话，就是桂南平话和土话的初始面貌。宋朝的军事移民不但迁入的人数众多，而且掌握了军权和地方行政权，使得这一地区的平话成为强势语言，成为当时在广西流行和通用的交际用语与官方用语。

关于平话的得名之由，一种观点认为与宋朝狄青平定依智高起义有关，狄青率领的大军号称"平南军"，战事结束后，"平南军"留驻广西，其所操语言即为"平话"；另一种观点则认为"平话"应是一个与"官话"相对应的概念，其本义为"平人"语言（"平人"之称最早出现在唐朝，平民、百姓之谓也）。我们倾向于后一种观点，桂南平话的形成与"平南军"有关，但"平话"这一名称的出现则应该是在明朝官话进入广西之后，它是与"官话"相对的一个称谓。

广西平话和土话的特点

广西平话和土话分为桂北和桂南两大片。桂北片内部一致性不强，相互之间较难沟通交流，但仍有一些共同的语言特点。桂南片和桂北片差异较大，但与粤方言较为接近，故很多学者倾向于将桂南片划归粤方言。下面将广西平话和土话与普通话和古代汉语进行对比，列举其主要的语言特点。

广西平话和土话的语音特点

桂南平话和土话的语音特点与粤方言非常接近，请参看前文的"广西粤方言的语音特点"，这里不再赘述。以下重点简述桂北平话和土话的语音特点。

通常有5—8个声调，大部分保留入声调。比如，临桂义宁平话有7个声调，其中有2个入声调；会仙土话有7个声调，其中有1个入声调；两江平话有6个声调，其中有1个入声调。

大部分保留有浊音（发音时声带颤动）声母。比如，临桂义宁平话、贺州钟山土话、兴安高尚土话等大部分桂北平话和土话

中"菩、婆、扒、排、牌、皮、脾"等字的声母都读浊音。

留存上古汉语的语音特点。比如，临桂义宁平话中"竹、嫡"同音，"虫、停"同音；灌阳观音阁土话中"猪、雕"同音。这都是上古汉语语音特点的留存。

普通话中的一些同音字，在桂北平话和土话中并不同音。比如，蕉≠娇，箭≠剑，线≠宪，枪≠腔，晶≠京，星≠兴，节≠洁。

普通话中很多读 an、en、in 等鼻音韵母的字，在大部分桂北平话和土话中鼻音韵尾消失。比如，临桂会仙土话中"山、沙"同音；富川七都话中"山、辛、生"同音；全州文桥土话中"四、散、伞"同音；资源延东土话中"山、筛"同音。

广西平话和土话的词汇特点

普通话中的不少双音节词，在广西平话和土话中用单音节词表示。比如，把"板凳"说成"凳"，"夜晚"说成"夜"，"街道"说成"街"，"泥土"说成"泥"，"害怕"说成"怕"，"胡同"说成"巷"，"旱地"说成"畲"，"中午"说成"晡"或"晏"，"舌头"说成"脷"，"镜子"说成"镜"，"裤子"说成"裤"，"锯子"说成"锯"，"被子"说成"被"等。

部分词与普通话相比，存在"同形逆序"的现象。比如，"客人"说成"人客"，"公鸡"说成"鸡公"，"热闹"说成"闹热"，"要紧"说成"紧要"等。

有些词与普通话相比，存在"同形但义有别"的现象。比如，

"肥"在普通话中一般不用于人，但在广西平话和土话中还可以指人，可以说"这头猪真肥"，也可以说"这个人真肥"；"吃"不仅可以指吃固态的食物，还可以用来指摄入液态、气态的物体，可以说"吃饭、吃酒、吃烟"，其意义和用法相当于普通话中的"吃、喝、抽"。临桂义宁平话中"得意"的意思相当于普通话的"故意"；"姐"不是指姐姐，而是指母亲；"香火"是指祖先牌位神龛，而不是供佛敬神时点燃的香和蜡烛；"木"不是指木头，而是指棺材。龙州伝话中"阿姨"指"妹妹"，"细姨"指"小妹"；"寻亲戚"不是指寻找亲戚，而是指"走亲戚"。

保留着大量古语词。汉语方言是古代汉语的"活化石"，在广西平话和土话中，大量的古语词今天仍活跃在人们口中。如"肚子饿了"常说成"肚饥"，"快走"常说成"快行"，"筷子"仍说"箸"，"洗脸"说成"洗面"，"回去"说成"归"，"绳子"说成"索"，"宽"说成"阔"，等等。同时，还存在一些普通话少用或已不用的古语词，如表"喉咙沙哑"义的"瘖"，表"好、美好"义的"婞"，表"偷偷地看、往下看"义的"瞫"，等等。

从周边少数民族语言中借用不少词语。广西平话和土话与周边少数民族语言接触密切、相互影响，最后呈现"你中有我、我中有你"的相互渗透现象。尤其是桂南平话和土话，由于其所处地区生活着大量的壮族人，长期以来与壮语密切接触、相互交融，从壮语中借入了不少词语。这些词语无法写出本字，其读音与壮语相同或相近。如横州百合客话中表"紫"义的词，其读音类似普通话的"欧"（声调有别），无法写出本字，但与壮语表"紫"

义的词读音相同，应为从壮语借入；类似的还有表"差、翘、稻草、稠、锄头、抓、跺脚、哀求、痛恨、空心、韧、踮脚、捡"等意义的词，也都无法写出本字，但其读音均与壮语中表达这些意义的词音相同，均应是从壮语借入。

广西平话和土话词语与普通话词语对比（示例）。普通话中的"太阳"在广西平话和土话中主要说成"日头""热头"，个别地方还说成"月头""爛头""爛头火"等。"月亮"在广西平话和土话中主要也说成"月亮"，但个别地方说成"月光""热光""月公""月亮帝"等。"星星"在广西平话和土话中大部分说成"星子"，个别地方说成"星星""星""天星"等。"彩虹"在广西平话和土话中主要说成"虹""龙"，个别地方会说成"龙虹""龙虹吃水"等。"旱地"在广西平话和土话中主要说成"旱地"，也有少数地方说"畬"，个别地方说"渴地"。"天亮"在广西平话和土话中绝大部分地区都说"天光"，少部分地区说"天亮"。"山"在广西平话和土话中绝大部分地区仍然说"山"，极少部分地区说成"岭"。"水沟"在广西平话和土话中大部分地区仍说"水沟"，但也有很多地方说"水圳"，个别地方说"水子""江崽""埒儿""细冲"等。"去年"在广西平话和土话中主要说成"旧年"，个别地方说"去年家""旧辈年""昨年""去年"。"西红柿"在广西平话和土话中说法很丰富，有说"毛秀才"的，有说"洋海椒""番茄"的，还有的地方说成"洋辣椒""番鬼兰""洋茄呃""海茄""金桔子"等。"树"在广西平话和土话中大部分仍然说成"树"，但个别地方说成"树"的同时还可以说成"木"，个别地方还可以说成"木根"。"水果"在广西平话和土话中大部分仍说成"水果"，个别地方说成"果子""果"。"公牛"在广西平话和土话中绝大部分地区说成"牛牯""牛公"，也有一些其他说法，如"沙牯""水牯""山牯""水牯头""沙牯头""生牯牛"等。"猴子"在广西平话和土话中大部分说成"马骝"，也有说"猴子"的，还有个别地方说成"猴子精""猴子崽""猴狲"。"母亲"在广西平话和土话中的称呼也特别多，大部分会说成"娘""妈"，还可以说成"姐""母""吾姎""叔娘""母母""阿嫂""阿婶"等。

广西平话和土话的语法特点

具有丰富的词缀。广西平话和土话具有丰富的词缀，有一些词缀和普通话一样，如"老、第、初、头"等，但广西平话和土话的有些词缀是普通话没有的，或者其使用范围与普通话不同。如"阿"是平话和土话中普遍使用的前缀，其使用范围比普通话广泛，常用在人名或亲属称谓前，如"阿明、阿梅、阿妈、阿姐、阿叔"。表示从事某种职业、某个地方、具有某种特征的人后面常用"佬"，如"飞发佬理发师、劏猪佬屠户、外国佬外国人"。表示某个地方、具有某种特征、从事某种职业的成年女性，其常用后缀"婆"，如"盲婆、接生婆"。个体大的雄性动物后面常加"牯"，如"牛牯公牛、马牯公马、狗牯公狗"。钟山土话、临桂义宁平话、宾阳话、龙州伝话等表示"小"义的后缀常有"儿"，如"风儿小风、江儿小江、鱼儿小鱼、手儿小手"。桂南平话和土话中常在高大的树木后面用"根"，如"木根_{树木的总称}、龙眼根_{龙眼树}、松木根_{松树}、杉木根_{杉树}、桑根_{桑树}、杨木根_{杨树}、苦楝根_{苦楝树}、竹根_{竹子}"。各地还有一些独具特色的词缀，如资源延东土话中"呃"是使用较为频繁的一个名词后缀，相当于普通话的"子"，有"叶呃_{叶子}、鸭呃_{鸭子}、狮呃_{狮子}、毯呃_{毯子}"等。文桥土话中在表近几日的时间中有一个中缀"晡"，如"今晡日_{今天}、后晡日_{后天}、巴晡日_{大后天}、下晡日_{下午}"。灌阳观音阁土话中"崽"作为后缀使用范围广泛，可用在亲属称谓后，含有亲切的感情色彩，如"姐崽_{姐姐}、哥崽_{哥哥}、叔崽_{叔叔}、母崽_{婶婶}"；可单纯作为名词的标记，没有其他意义，如"烟崽_{香烟}、笋崽_{竹笋}、禾崽_{禾苗}"；还可以置于词尾表示数量少或时间短，如"走下崽_{散一会儿步}、一下崽_{一会儿}、病轻底崽_{病轻些了}"。

程度副词丰富多彩。相比较普通话来说，广西平话和土话中的程度副词更丰富，分得更细致。普通话中表示一个人高，可说成"他高／他很高／他最高"，其中常见的程度副词有"很、最"两个，广西平话和土话中与此相当的程度副词是"蛮、好、最"，可说成"他蛮高／他好高／他最高"。除此之外，各地说法不一，各具特色。如临桂义宁平话，可说成"他蛮高／他好高／他第一高／他几高"，其中程度副词"蛮、好、第一、几"分成三级程度，"蛮高"表示高的状态，说明不矮；"好高"表示很高；"第一高"表示最高；"几高"可表示很高，也可表示最高。临桂两江平话用"好、第一、尚"，其中"好、第一"的用法与临桂义宁平话相似。此外，还多了个"尚"，表示程度太过了，如"他尚高唉"，意味着太高了，有过犹不及之义。全州文桥土话中用

"蛮、特下、第一"表示不同的程度。横州百合客话的"蛮"还有多个变体，可说成"阿蛮、蛮儿、阿蛮儿"，如"今天天气比较热"这句话可以说成"今日天气蛮焅 / 今日天气阿蛮焅 / 今日天气蛮儿焅 / 今日天气阿蛮儿焅"。

量词可以直接与名词组合，作名词的定语。普通话的量词通常是用在数词或代词后面的，如"一个、这个"等，但在广西平话和土话中量词前面的数词或代词可以省略。如临桂义宁平话中，"一只碗放在桌子上"说成"只碗放在桌子面"，"这条鱼好大啊"说成"粒鱼儿大"；龙州伝话中，"这本书是图书馆的，别弄丢了"说成"本书是图书馆嘅，靡使搞跌去哦"。

存在语序与普通话不同的现象。如"我先走"说成"我走先"，"我先吃"说成"我吃先"，"我先出去玩了"说成"我出去玩先"，"送我一双鞋"常说成"送对鞋我"，"问你一句话"常说成"问句话你"，"我比他高"说成"我高过他"，等等。普通话的"你先去，我后面去""你们先吃嘛，我后面吃""你多做点事情"等，临桂义宁平话说成"你去先，我去后背""你们吃先嘛，我吃落尾""你做多点事"。普通话的"你先走，我后走""终于能好好地睡一觉"，宜州德胜百姓话说成"你行先，我行后尾""终于得睡一觉饱去"。

被动标记与普通话不同。普通话中被动句常用的被动标记是"被"，在广西平话和土话中常用"着、挨"作被动标记。"树叶被风吹跑了"说成"树叶着风吹走了"或"树叶挨风吹走了"。除"着、挨"外，还有一些其他的被动标记，如钟山土话和临桂义宁平话中的"分"、灌阳观音阁土话中的"给"等。

广西平话和土话中的文化内涵

对"狗"的避讳。在过去的汉文化中，人们对"狗"多持否定态度，目前普通话中仍有带贬义的词或熟语，如"狗腿子""狗改不了吃屎""狗嘴里吐不出象牙"等。广西平话和土话中有因避讳"狗"而将其换一种说法的情况，如在南宁平话中以前将"狗"说成"地羊"；"韭菜"中的"韭"与"狗"同音，因而根据韭菜叶子细长而扁的特点，将其称为"扁菜"。

将"舌头"说成"䐃钱"。在桂北平话和土话中，"舌头"常说成"舌子""舌头"等，虽然在各自方言中"舌"与"蚀"同音，但基本上没有因避讳而将其换种说法。但是在桂南平话和土话中，"舌"因与"蚀"同音，"舌头"基本上像粤方言一样因避讳而改称"䐃钱"。最初取"蚀本"的反义"利钱"，后由于舌头属于人身体的一部分，便给"利"加了"月"字旁（即"肉"字旁），常写作"䐃"。粤方言区很多人头脑灵活，擅长做生意，"蚀本"是做生意者最不希望发生的事情，故粤方言中"舌头"普遍说成"䐃钱"。从桂南、桂北两个区域有关此词的不同说法可知，桂南平话和土话受粤方言影响比桂北平话和土话大。

　　将"帆"说成"里"。平时朋友远行离开时，我们习惯说祝福语"一帆风顺"，但是这个祝福语不是在任何场合都能说的，比方说乘坐飞机时就不能说"一帆风顺"，因为飞机在起降两个阶段都需要逆风才能更好地起飞和降落，若是顺风飞行反而不顺利。在方言中"帆"谐音"翻"，行船者也是很忌讳的，故而在桂南平话和土话中多将"帆"说成"里"。如南宁平话中有"看风使里""风大有驶尽里"的说法。

　　"亭子佬"是"钱"的代称。"钱不是万能的，没有钱是万万不能的"，钱和我们每个人的生活息息相关。自古以来，对钱的称呼有很多，常见的有"孔方兄""阿堵物"。桂南平话和土话中常将钱称为"亭子佬"，有俗语"亭子人论圣谕——就是钱"。"亭子"是南宁市区的地名，"亭子佬"即指亭子这个地方的人。据说亭子这个地方每年农历二月初二为开村节，主持人在这一天给村民做训论，强调钱的重要性，反复和村民提及生活离不开钱的道理，故后来亭子平话中就有了将"亭子佬"称为"钱"的说法。

　　此"痕"非彼"痕"，桂南平话和土话中多"痕"迹。普通话中的"痕"指创伤痊愈后留下的疤，泛指斑迹，如痕迹。但是桂南平话和土话中的"痕"往往只取这个音，不是普通话中的"痕"字，而是表示"痒"的意思。"痕"音表示"痒"的意义，与周边壮语表示"痒"义同音，一般认为是借用壮语的一个词。在南宁平话中，"痕"常与身体器官词合用，具有特别的意义。如"屁股痕"指找死，是一种骂人的话；"口痕"指爱乱说话，用于责备人。

　　不识此字真面目，只缘它是"合音"成。在广西平话和土话中，有一些字只知道它的音义，并不知道这个字怎么写。造成这个字不知其字形的原因有很多，其中有一种是由"合音"造成的。如南宁平话中表示"没有、未曾"意义的同"盟"音的字，就是"未""曾"这两个字的合音，取"未"的声母 m 与"曾"的韵母和声调拼合而成。横州百合客话中"回家"说成"□屋"，前面那个字写不出，但实际上这个字是"归""去"这两个字的合音；"人家"有两种表述，可说成"人屋"，还有一种说法写不出字来，实际上是"人""屋"这两个字的合音，取"人"的声母与"屋"的韵母和声调拼合而成；"怎么"也有两种表述，可说成"哪样"，还有一种说法也写不出字来，实际上是"哪""样"这两个字的合音，取"哪"的声母与"样"的韵母和声调拼合而成。这种合音情况在广西平话和土话中是大量存在的。

　　屈尾龙拜山——搅风搅雨。在南宁平话中，有一个词为"屈尾龙"，"屈"有断、秃的意思，"屈尾龙"即"断尾龙"。传说此龙常在清明前出现，时常伴有刮风下雨，这种现象当地人叫作"屈尾龙拜山"。根据这种现象，故有歇后语"屈尾龙拜山——搅风搅雨"，表面意思是指屈尾龙拜山的时候会行云布雨，暗指是非之人搬弄是非、造谣生事。"屈尾龙拜山"的故事版本很多，在珠江流域广为流传，在粤方言中也有此说法，但不管何种版本，其主题均为"报恩""尽孝"，并与两广地区的"龙母文化"息息相关。在诸多版本中，有学者认为这个故事起源地在广西的大明山地区，在大明山地区流传着"三月三，龙拜山"的传说，故事中龙的名字叫"特掘","特掘"在壮语中就有"秃尾巴"之义。

到底排第几? 就不告诉你。广西平话和土话中有很多隐语,外地人是很难了解的。比如说数字,在南宁平话中就有多种隐秘的表示方法。"排行第五的人"用"揸数"表示,其中"揸"表示"手指聚拢,使物体固定在手中",要使物体牢牢抓在手中,手上的 5 个手指头必须团结一致、缺一不可。"排行第七的人"用"鬼数"表示,因为中元节又称为七月节,民间又称为鬼节。"排行第八的人"称为"眉数",因为眉毛的形状像"八"字,"第八"也就不太难理解了。"排行第十的人"称为"齐数",大概是取"十全十美"之义。可是"排行第三的人"称为"砍数",为何有此联系呢? "排行第九的人"称为"弯数",何处弯了呢?难道是因为"九"字的写法吗? "排行第六的人"称为"挠数",莫非和"挠痒痒"有关系? 张三、李四、王五到底排在第几,还真是让人头疼啊!

"四季如千金小过牛一,拎滴滴儿三酉来。"这句话你能读顺吗? 这句话中含有四个隐语。"四季如"指的是"春",这里指"阿春","千金小"指的是"姐姐",这两个隐语均是四字词语用前三个字代替第四个字的现象。"牛一"指"生",这里指"生日","三酉"指"酒",这两个隐语均属于拆字隐语。广西平话和土话中有很多隐语现象,反映了当地老百姓运用语言的智慧。

做只爱美食的"猫"。在广西平话和土话中,"厨师"居然可以说成"猫",只不过这是一只特别的"猫",称为"火猫"。南宁平话中"做猫"指"充当厨师做饭菜",如"你摆酒时他可以帮你做厨师"可说成"你整酒渠可以帮你做猫"。在广西平话和土话中，还有很多类似的生动有趣的词语，如"四方木"指不知变通的蠢蠢笨笨的人，"火笑"指火苗发出呼呼声，且有"火笑有客来"的说法。这些有趣的词语反映了讲广西平话和土话的人具有诙谐的个性和乐观的生活态度。

屁股㧯^背秤砣——自称。熟语是语言在长期发展过程中逐渐形成的、为人们所熟悉的、一般不能任意改变其结构的定型的词组或句子，包括成语、谚语、歇后语、惯用语等。在南宁平话中，"自来狗"指流落到某家留下不再走的狗，且有熟语"自来狗，自来猪，自来姑娘冇怕丑"。"马骝吊颈"比喻轻浮、不稳重的人系领带的样子。"花头鸭"比喻喜欢出风头的人。"自称"指称自己能干，自夸，有歇后语"屁股㧯^背秤砣——自称"。

老百姓将生活经验沉淀在语言中，通过一系列的俗语世代相传。如"东虹热头西虹雨"这一谚语告诉人们如何辨别天气，彩虹出现在东边时天就会晴，出现在西边时天就会下雨。"人怕碰，米怕筛"指人怕纠缠。通过这众多的俗语，老百姓将生活经验和智慧用独有的语言形式一代代传承下来。

"狗过楞"，这只小狗在做什么？"狗过楞"在融水百姓话中的意思是"小孩子过生日"。很显然，这里的"狗"并非牲畜，而是指小孩子。为什么会把自己的孩子称为"狗"呢？这体现了讲桂南平话的人的一种共同称谓心理：故意贱称其子女，以使他们得以躲灾无病，健康成长。这种心理在很多地方的老百姓心中均有。旧时人们生活条件不好，医疗条件也差，为了让小孩能顺顺利利长大，就会给小孩取个"贱名"，故有些地方就用"狗"代替"小孩"。

父母称谓多。广西各地平话和土话的亲属称谓非常丰富，其中关于父亲和母亲的称谓就不少。如横州百合客话中，"父亲"的当面称呼有"爷""阿爷""阿叔""阿哥"等，和别人说起自己父亲时常用"老豆="；"母亲"的当面称呼有"娘""阿娘""阿嫂"，和别人说起自己母亲时常用"老母"或"老□（拼音标注近似 mé 音）"。将父亲称作"爷"，这是保留了古人对父亲的一种称谓，如《木兰诗》"军书十二卷，卷卷有爷名"中的"爷"就是指"父亲"。称为"哥、嫂、叔、婶"等，从称谓上将父母与儿女的血缘关系拉远，是为了让儿女能顺利成长、父母能健康平安，这种情况在广西很多汉语方言和少数民族语言中均存在。"老豆="是受粤方言影响而形成的，"老□（拼音标注近似 mé 音）"是受周边壮语影响而出现的一个词，带有语言（方言）接触和交融的烙印。广西各地平话和土话的父母称谓词有较大差异，如钟山土话中将父亲称为"爷、吾爷、吾晚、吾叔、吾伯、老爷、老家伙"；将母亲称为"娘、吾娘、吾妣、老妣吾、吾妈"等，其中对母亲尊称为"吾妣、老妣吾"在其他地方是少见的，可见当地对母亲的尊重。"吾"在贺州很多土话中均存在，常常放在长者称谓词前，没有什么实际意义，不能单独使用。

"吾头、吾个"是什么意思？表示同样的意义，在不同的平话和土话中往往有不同的说法，如普通话表疑问的代词"谁"，在广西各地平话和土话中说法各异：钟山土话说"吾头、吾个"，

临桂两江平话说"哪个",临桂义宁平话说"伊子、甚个",兴安
高尚土话说"乜只",全州文桥土话说"□（与普通话'机'读
音相近）个",资源延东土话说"加个",宜州德胜百姓话说"呢
个",龙州伝话说"□（与普通话'囡'读音相近）"等。这种
"义同形异"现象,有的体现出词源差异,有的带有语言（方言）
接触和影响的印记。

广西平话和土话音频材料

融水百姓话

扫码听音频

取星子 星子星子，请你下来排年纪。我有长麻□给你绩，你有短麻□给我撕。长麻绩得长衫袖，短麻绩得手巾儿。四角手巾弯弯转，请你下来做同伴。

冬柃树 冬柃树，矮婆娑。三岁侬儿会唱歌，唱歌不用大人教，肚里聪明不奈何。

远望高山起朦露 远望高山起朦露，近望水底起蓝苔。门前有对娇容妹，慢行三步等哥来。慢来哟哦来。

今日出门运气好 今日出门运气好，燕子双双对弟来。情哥正想开弓射，又怕雁鹅口有开。噢有开哟来。（注释：本山歌讲述了一个男子出门遇到了自己心仪的姑娘，很想与其搭讪，但是因害怕拒绝而羞于开口。）

出门正是二三月 出门正是二三月，牡丹花发正当时。杨柳相交拦大路，顺手低头拗几枝。噢嘛枝哟来。

见妹好饰招哥益 见妹好饰招哥益，见双伶俐招弟怜。妹比高山端正树，哪根藤蔓冇来牵。噢冇牵哟来。（注释：本山歌是男子对漂亮女子的赞美，表达出对心仪女子的喜爱之情。）

三国其中　三国其中，人人多哄张飞将。也字立人，世上无人比得他。在弟手中，孔明写下一个字。放声大哭，英雄独怕病来磨。

哑字飘心　哑字飘心，你讲你恶人仍恶。棋逢敌手，恶人自有恶人磨。武艺高强，子龙盖世无人敌。点兵出阵，他认败输长坂坡。

大齐对战　大齐对战，曹操大败走华容。云长刘备，二人设计显神通。杀入曹营，全有功夫走不脱。英雄好汉，谁人敢敌弟关公。

问妹九溪十八峒　问妹九溪十八峒，峒峒里头十八家。家家又是十八个，个个原来两公婆。猜得中，算妹功夫练到家。

还妹九溪十八峒　还妹九溪十八峒，人丁一万零一千，零头六百六十一，个话不消你来言。讲你听，当众在痕＝还诺先。（本山歌与上一首山歌为"问答式"，本山歌是回答上一首山歌中提出的问题。）

远望东边有点垒　远望东边有点垒，近望西边有点斜。中间有个十一字，他嗰大门永冇遮。个乜字？开言就问妹文何。（此山歌为字谜山歌，通过山歌的形式将这个字的谜面说出来，此字谜的谜底为"周"字。）

一点一横长　一点一横长，又加一撇过西边。上下十字对十字，又遇太阴对太阳。是乜字？当众在痕＝问妹先。（此山歌为字谜山歌，通过山歌的形式将这个字的谜面说出来，此字谜的谜底为"庙"字。）

全州文桥土话

扫码听音频

石板石板窝窝　石板石板窝窝，石板底下插糯禾。插起糯禾酿甜酒，酿起甜酒讨瑶婆。讨起瑶婆生瑶仔，生起瑶仔唱瑶歌。

捡我喽歌来　捡我喽歌来捡我喽歌，捡我喽螺头泥打汤喝。三碗四碗尽你喝，你半夜三更你睡不着。

老发癫来老发癫　老发癫来老发癫，老喽发癫□不值钱。好比园中老大菜，莫在巴锅摞＝油盐。

我喽阿姐我喽娘　我喽阿姐我喽娘啊，你还不帮我讨婆娘。别个跟我一年喽，生出崽来上学堂。

晓不得唱歌你跟我来　晓不得唱歌你跟我来哦，跟我在后来你掂草鞋。十双八双你掂不动，也打摆子也作难。

养牛婆来养牛婆　养牛婆来养牛婆，你想养牛崽多快活。我想过去陪你坐，个个笑我俩脚婆。

石山石山尖尖　石山石山尖尖，望着屋里出火焰。我想去回做年女，冷水泡饭清凉甜。

牛郎和织女　传说，很久很久以前，有一个小孩子，有十多岁了，爸爸妈妈死了。家里留下一头老牛，牛郎和这头老牛相处得很好，村里人就叫他牛郎。这头老牛实际上是天上的金牛星。

它很喜欢这个牛郎，因为牛郎善良、勤劳，老牛想帮他成个家。有一天，老牛知道村东头有些女孩躲在屋后山下湖里洗澡，就托梦给牛郎，让牛郎到这个湖边去，拿走地上那件衣服，牛郎就可以得个女孩做老婆。这天清早，牛郎就半信半疑，真的跑去这湖边去看，见到几个女的在洗澡，他就去提起件衣服，头也不回，高高兴兴，一口气就跑回去。结果这天夜里，当真有个女的来敲他的门。后来，她和牛郎就做夫妻了。几年过去了，他们夫妻恩恩爱爱，生了一个男孩、一个女孩，共两个小孩子，一家人开开心心，日子过得很好，甜甜蜜蜜，一家人和睦安详。这个时候，天上玉皇大帝知道这件事情，就大发雷霆，打大雷，打大闪，刮大风，下大雨。织女看到这个情况，心里想，不好，有可能马上要走了，就告诉牛郎，她有可能要走了，玉皇大帝知道了。一会儿工夫，玉皇大帝就把织女抓走了。牛郎看着自己的老婆被玉皇大帝押走了，心里非常难过，拼命地哭喊："两个小孩子没有妈妈了！她被玉皇大帝押走了。"老牛看着他一家人哭得那么可怜，就喊："牛郎，你去把我的角拿下来，做两个箩筐，你带着你的两个小孩找他们妈妈去。"这个老牛一把就拿下它的角给牛郎，牛郎拿起来放到地上，真的变成两个箩筐。牛郎把两个小孩放到箩筐里，担着两个箩筐、两个孩子，非常焦急地追赶，追啊追啊，追得很近了，很快就追到了。结果被王母娘娘拔个金钗，在天河上面划一下，就变成一条天河，牛郎和织女被这条天河分隔开了，两人永远遇不到。这情形被喜鹊看到了。筐子里两个小孩子哭，很可怜，他们在找妈妈，牛郎也哭，这种情景打动了喜鹊。这只喜鹊再召唤天上的喜鹊。这些喜鹊全部都来了，在天河上面架了一座鹊桥。这座鹊桥就是给牛郎和织女相遇的桥。后来每一年相遇都在这里，（农历）七月七号，就是他们相遇的时间。

好，我的故事讲完了，谢谢大家。

兴安高尚土话

贺郎歌　灯笼高高挂门上嘛，啰嘞啰嘞。噼里啪啦把炮仗放嘛，啰嘞啰嘞。今日的日子实在好嘛，哩嘞啰嘞。恭贺两个人配□双嘛，啰嘞啰嘞，啰嘞啰嘞。啰嘞鲜花来贺郎嘛，啰嘞啰嘞。一个堂屋四四方嘛，啰嘞啰嘞。亲戚朋友都坐满堂嘛，啰嘞啰嘞。个个举杯就饮杯酒嘛，哩嘞啰嘞。闹闹热热都来贺郎嘛，啰嘞啰嘞，啰嘞啰嘞。啰嘞鲜花贺新郎嘛，啰嘞啰嘞。好个呀。

动动皮　动动皮，嫁人姊。人姊莫嫁，嫁人癞头婆。癞头婆，偷米养鸡嘛。鸡嘛又冇下窿，气死癞头婆。

猜谜　隔座山隔座岭，两个姑娘来吊颈。（谜底：耳环）

黑布崽白布崽，扯下崽动下崽。（谜底：眼睛）

一条巷两条巷，两个白狗出来望。（谜底：鼻涕）

一条线两条线，跌到地上就莫见。（谜底：下雨）

你望我我望你，一索绉起你。（谜底：扣子）

一座屋崽狭窄窄，嗒嗒住得五个客。（谜底：鞋子）

黄鼠狼尾巴长，白日洗澡，夜晡乘凉。（谜底：水瓢）

你奶奶四颗痣，你公公两颗痣，你公公压着你奶奶出不了气。

（谜底：贴鼎锅）

我家有个老头崽，矮瘦瘦，打个跟头又来吃。（谜底：米筒咕）

我家有个老头崽，九十九，吃饭冇饮酒。（谜底：猫咪）

我家有个老头崽，七十七，日日早晨起来头灌汁。（谜底：磨豆腐）

当地历史故事　在高尚江东村，有一个仙家老头，叫作蒋关公。江东村旁边有块大石头，这块石头有一个孔，这个孔每天都可以冒水出来。江东村住着两个老人家，有七八十岁了，是两公婆。两个人每天都扛着一个桶去接水喝。这个仙家老头被这两个老人家感动，于是就把冒水的孔变成了一个冒酒的孔。有一天，这两个老人家就去接水喝。去到那里接水喝，他们想：今天的水怎么变酒了呢？我们可以把这酒拿去卖呀。两个人很高兴，就每天都去那里接酒，接到了就拿去卖，之后又觉得现在这个冒水的孔出水很慢，心想：我们是不是拿个凿子去，把它凿大点呢？让酒流多一点出来，这样我们可以卖很多的钱。这两个老人就拿了一把凿子去凿那块石头，把这个小孔凿得越来越大，结果凿着凿着就没水流出来了，酒和水都没了。仙家老头写了一条横幅贴在那上面，说道：天高不是最高的，人心才是最高的。冷水当成酒来卖，还要嫌弃猪没有饲料。这件事情说明了一个道理：人心不能太贪，太贪了不行的。本来是要帮他们卖酒的，他们自己贪心不足，想贪多一点，想把孔凿大一点，凿到后面一点都没有了。这个仙家老头已经生气了，不给他们卖了。所以，人心不能太贪，这故事就是这个意思。

当地历史寓言故事　江东村，原来有一个仙家老头，叫作蒋关公。他是一个神仙，会腾云驾雾，会飞，连他妈妈都不知道。

有一天中午，他妈妈煮茶，他妈妈煮到茶水沸腾的时候，他们习惯性地要放胡椒。这时候，他妈妈说："放胡椒会更好喝，家里没胡椒了。"蒋关公说："妈妈不要急，等下我帮你去桂林买回来。"他一个跟斗一打就到了桂林，就把胡椒买回来了。把胡椒买回来后，他把胡椒给了妈妈。他说："妈妈，我帮你从桂林把胡椒买回来了。"他妈妈不相信他，说："我不相信你那么快就从桂林把胡椒买回来了。""你不相信我，明天去三姑岭，有一个地方，有一块很大的石头，在那条路旁边，我还在那块石头上坐着休息，石头上还有我的屁股印子。你不相信，你什么时候去砍柴，你就爬到那个三姑岭上看看那块石头上是不是有我的屁股印子。"

以后，我们本地方的人去砍柴，总是去三姑岭上，总是去那块石头上，去看一下坐一下，石头上真的有一个屁股印子。是蒋关公，这个仙家老头在上面坐过，回来的时候在石头上坐着休息，石头上就有一个屁股印子。他妈妈就相信他真的是一个仙家，会腾云驾雾，有些本事。我们今天世世代代都听老一辈讲，三姑岭有块石头上有蒋关公这仙人的一个屁股印子。

这个故事讲完了。

临桂五通平话

扫码听音频

唱支歌儿喫个薯 唱支歌儿喫个薯，江肚有粒古＝□鱼。古＝□泥鱼使箪再＝，板膏茶油慢慢酥。酥倒香喷喷，伊＝子＝喫了敲一棍。

一朏贫　一朏贫，二朏富，三朏烧酒磨豆腐，四朏无儿婚猪牯，五朏点灯磨头斧，六朏骑马开广铺，七朏胜，八朏败，九朏有谷卖，十朏得做富太太。

一个小果儿　一个小果儿，披件红蓑衣。大风大雨我冇怕，我怕看牛尕娃儿。

逢圆不吃的故事　今天我讲的这个故事发生在五通镇西板村和仁和村之间的一个地方。西板村有个叫作傻戴的人（他姓戴，生性憨厚，所以称为傻戴），他在仁和村的大地主家打工。傻戴在打工之前和大地主签了一份合同，合同条款的内容是"逢圆不吃"，所以红薯和芋头等圆的东西他都不吃，要求能吃上一点米饭就好，所以他尽自己的能力去帮地主工作。

傻戴本人的身体很强壮，挑一百二三十斤货物都不是问题，而且他干农活很厉害，耕田、养牛等所有农活一肩挑。但是没想到这个地主非常小气，从去他家做事开始，每次回地主家吃饭都是和以前一样，上面放大米，下面放芋头。因为地主家人口非常多，所以刚开始吃饭的时候，地主家子孙把上面的米饭盛走了，只剩下芋头。但是因为一开始签了合约，只剩芋头他就不吃了。地主看傻戴不吃，就让自己的媳妇煮了一斤米给他吃，但是傻戴还是吃不饱。地主虽然无可奈何，但是因为他做事还不错，地主看他非常能吃苦、干重活，所以忍痛每天煮米饭给他吃。

傻戴从惊蛰做到春分、清明，然后地主家在过节的时候包粽子，粽子有圆粽子和三角粽，圆粽子切开来是圆形的。地主家比较抠，圆粽子里只放了一点腊肉皮，而三角粽里什么都不放，就放点盐。傻戴不吃圆粽只能吃三角粽，相当于什么肉都没吃到，只能吃点米。傻戴从清明节一直干活到端午节。因为地主家是大家族，什么都做，尤其是米团。地主为了不让傻戴吃，把原本四四方方的米团搓成圆形，所以傻戴就不能吃了。这种情况一直维持到七月份，地主家一直把粽子、米团全部做成圆形，凡是过节吃的主食都做成圆形。傻戴除了烤鸭和菜能吃点，其他的东西都不能吃，而且他没有吃过早餐，因为早餐的粽子、米团都是圆的，他就只能吃前一天的剩饭，没有剩饭就只能饿着肚子。到八月十五的时候，傻戴把稻谷收好，犁好地，为下半年种地工作做好准备。大概到了年前二十七要打糍粑，因为傻戴力气大，就让他来打糍粑，打完后地主吩咐家里人把糍粑做成圆形，傻戴又吃不上。傻戴干了一年的活，看到啥都吃不到，就和地主说要回家，结账的时候因为铜板也是圆的，他就只能拿走一两袋谷子，啥也得不到就回家了。

　　这就是西板村傻戴因憨厚、逢圆不吃而吃大亏的故事了。

南宁平话

扫码听音频

火亮虫　火亮虫，荫荫乐。细妹卖豆角，大妹卖查辣。查辣苦，去□鼓。鼓不响，打巴掌。巴掌痛，吃柠檬。柠檬酸，去嫁官。官头白，去嫁客。客不来，嫁秀才。秀才秀气死，嫁老李。老李偷牛挨斩头。斩便斩，留便留。留到那哈大水流。桖凳脚，桓马脚，马脚唠＝嗟＝归屋头。

咿哟咿哟　咿哟咿哟，食饭等大姐，大姐莫来快，细妹偷摄菜，走过门背咬呀呀，筷箸勒头你没怪。

氹氹转　氹氹转，菊花园，阿妈㧢我看龙船。龙船真好看，龙船扒得快，今年就系好世界。

伝发马　伝发马，等伝发马去求神，求得神来□我报你，转来便报你阳人。

市郊西面□我家园　市郊西面□我家园，人口昌繁数几千。榜坟脉岭晓风景，气寺犀江世外园。村岁九井十三巷，人杰地灵永长绵。

狼外婆的故事　古时候有一座山上，住着一户人家，这家人过得非常幸福。家中有两个孩子，老大叫"胆小鬼"，老二叫"机灵鬼"。在一个倾盆大雨的夜晚，飞来了一只小白鸽，它的脚上绑着一张纸条，妈妈打开一看，纸上写着"母病重，速回"几个字。原来外公用飞鸽传书的方法让妈妈速速回家。

第二天早上，妈妈对大儿子说："胆小鬼，你要保护好自己的弟弟，妈妈去看外婆，千万不能给陌生人开门。"这两个儿子就答应了，妈妈就去外婆家。夜深了，孩子们见妈妈还没有回来，就去关门睡觉了。这时传来"咚咚咚"的敲门声，老大急忙起床，问门外的人："你是谁呀？"门外的人说："我是你外婆！"听到"外婆"两个字，老大心想：外婆不是陌生人，我可以开门了。老大伸手把门打开后就回房睡觉去了，外婆进来了，这时老二也起床了。"你怎么全身都是毛？"老二不解地问。"这是你妈妈怕我冷，给我的皮毛衣，我反着穿！"外婆回答。老二听了，就上床睡觉了。可这一晚，老二怎么也睡不着，他想：妈妈不是去外婆家了吗？他发现不对劲，认为这个外婆定是假冒的，便想出一些办法来惩治她。

那天晚上，老二想和外婆喝茶，在这之前，他设置了一连串的机关：在外婆的凳子上放了胶水，在门前放了一大桶水，再趁她不注意时点燃她的尾巴。外婆坐了下去，屁股就粘在凳子上了。不一会儿，尾巴也着了火。外婆赶紧跑，可身子粘住了起不来，只能抱着凳子跑。外婆正准备往外跑，又被水桶绊倒了。她连滚带爬，好不容易跑了出去，扑通一声，又掉进了水井。第二天，妈妈回来了，看见孩子安然无恙，高兴极了！大儿子低下头，十分惭愧，他发现自己太粗心大意了，好在老二比较聪明，（及早发现情况不对劲，采取了措施）所以现在大家才平安无恙。

宾阳县城平话

扫码听音频

三婆乖　三婆娘乖，三婆乖，三婆教我绣花鞋。头上插花手戴镯，脚踏红丝钩儿鞋。三婆乖，三婆乖，三婆教我绣花鞋。鞋底针针开水浪，鞋头密出鲤鱼鳃。

一月笋　一月笋，二月菌，三月拎篮上岭顶，四月各得肚□拎＝，五月肚脐红敏敏，六月新禾米饭翘肚□，七月嫩姜炒鸭颈，八月滚茶送面饼，九月收禾居齐整，十月戽塘猓袋拧，十一月担糕又打饼，十二月舞龙舞狮跳岭称＝。

宾阳师公剧（公婆对唱）

婆唱：啊今嘛日啊就着个人公啊婆啊，婆做啊抱那孙啰啊公啰看啊牛啊，啊的膝啰头啊□来做凳啊坐啊，的背脊啊□啰来啰啊的做啰床啊铺啊。

公唱：啊的那啊婆啰头昏啊着纱啰气啊，那我着啰禛啰侬啊的去啰看啊牛啊，啊的有啊个啰的哭来又个啊笑啊，正同督＝个中啊的黄啊蜂啊口啊。

婆唱：啊的细啊侬啊推把啊两人啊带啊，的问取啰谷米啊那面啰色啊收啊，啊的有啰菜啊去问啊新妇取啊，只把啰盐啊来啊的有啰把啰油啊。

公唱：啊的平啊时啊少＝鸡啊又骂狗啊，节气啊杀啊鸡啊的嘴啊有啊留啊，啊的骂来我啰吃得啊做有得啊，早死啊喊有人啊的去啊挖得窝啊。

婆唱：啊的半啊夜啊的关门啊心内有够＝啊，啊叹伝啊前啊世啊的命啊有啊修啊，啊的厅啊堂啊的椅子啊轮流坐啊，啊迟早啊总啊之啊着啊轮啊流啊。

公唱：啊的今啊日啊你做啊人啊媳啊妇啊，啊来日啊你啊做啊人屋啊公啊婆啊，啊的圩啊卖啊皮鞋啊有啊样啊照啊，犁口啊出得圩啊的接得着模啊。

宾阳老窍的故事（摘果选婚）

离宾州城十几里路远的地方有一个万家寨，万家寨有一个财主，叫作万世昌。他家有良田一百多亩，又养有牛、羊，有一片果林。他请了一个长工，是个穷苦的孩子，叫作老窍。老窍他看牛已经很多年了，由于老窍的勤劳、善良、机灵，得到了万世昌的第三个女儿即万金莲的喜爱。在少年时代，万金莲上山去采果子，突然，天空乌云密布，大雨倾盆，山洪暴发，江水暴涨，老窍就从山上冲下来将万金莲背过河，背她过了河以后，就送她回家。老窍看牛都是打着赤脚去看的，有一天老窍从外面瘸着脚回来。金莲就问他："老窍，你怎么啦？"他说："刺扎进脚了。""你来，让我为你挑。"万金莲就帮他挑刺，挑了刺以后，万金莲就偷偷地做了一双布鞋给老窍穿。这样看得出来，他们少年时代这个有钱的小姐就偷偷喜欢上了这个穷的放牛娃。那时候，万世昌有三个女儿，大女儿和二女儿已经嫁到县城的有钱人家，家里就只有一个小女儿——万金莲。万金莲，今年年方十八，貌美如花，好多少爷公子都上门来求亲。万世昌看了一些人，都不合意。有的人父母合意，但万金莲又不称心。怎么办？上门求亲的人很多，又不好拒绝，结果呢，万世昌就想出一个办法，叫作"摘果选婿"。

　　万世昌家门前有几棵大树，现在，果子熟了，果子挂满了枝头。他"摘果选婿"的消息一传出来，四面八方的年轻人都来他们家，看到那棵树又高又大，果子又多，有些人看到害怕，连树都不敢上，就摇头离开了。只有牛知县那个少爷叫作牛中坚，以及有个习武人家的子弟叫作石朝南，他们来报名。之后，老窍也来报名。这三个人报名以后，和万世昌签了约。他们两个人，石朝南、牛中坚，就爬上树，拿长的棒子打果子，短时间，离身边近的果子就纷纷落下来。万金莲看到后，急忙去找老窍："老窍，你怎么还没有动身呢？人家都摘完了。"老窍说："等着吧，我想

他们三天都摘不完一棵树。""等着，你怎么办？""我去看看。"两人就去树下，看他们两个人打果子。牛中坚和石朝南看到老窍来了，就唱歌嘲笑他："老窍，老窍，聋婆晒谷你来撩，你被聋婆捉住了，屈头屈脚装进饭锅里。"老窍回道："你给我唱歌，我要唱还给你。"他唱："石朝南啊牛中坚啊，你们爬上大树，想登天。大水推沙粗在后，风吹稻谷，谷皮先飞起来。"唱过歌以后，他就对万金莲说了一些悄悄话。万金莲连连点头，之后，两人就回屋了。

　　牛中坚和石朝南打了一个下午的果子，打得筋疲力尽、大汗淋漓。直到天黑，他们才收工回家，说明天再早早地来继续打。他们两人回去了，就天黑了。老窍挑着两桶水，拿着一把锄头，来到树底下，他叫金莲回家拿十几斤盐来。金莲就回家拿盐，把盐放到两个水桶里融化。老窍呢，就拿锄头，在树下周围挖一圈，挖一圈后，就把两桶盐水从四周淋下去。淋了以后，他就和金莲说："好，我们回家，明天再来。"他们就回去了。直到天快亮了，天空乌云密布，狂风大作，又下大雨。老窍就在窗边看天气变化，边感叹边讲："天助我也，天助我也。"到天亮，风停了，雨也止了，老窍就和金莲来到树下，看到满地都是掉下来的果子，都落满了。没有掉下来的，老窍马上爬上树，用脚摇树，果子就都掉下来了，掉完了。

　　后来牛中坚和石朝南来到树下看到此景感到很惊讶："咦？老窍你是怎么摘的，就一个晚上的工夫，果子都摘下来了。"老窍就问他："石朝南，你们没有上去摘果子呢？""摘个屁啊！老

婆被你抢了先了。"牛中坚就边唱边讲："回去吧，回去吧，这次
回去了就不再来求了。想娶老婆没本事，白白搽坏了头油。"两
个人垂头丧气地回家了。

　　万金莲就急急忙忙跑去她父亲那里，和他说了这件事。她父
亲呢，听了情况后，就走来看，正看到老窍在砍树，果子都掉下
来了，就问："老窍，是你摘的？"老窍说："我用智慧摘的。"金
莲就问："父亲呀，你说我摘果选婿，这个签约，没有失效吧？"
这样问，她父亲想讲什么又讲不出来。啊，摘果选婿，摘果选婿，
哪里会想到这么有本事，摘果选婿时，一下选中了一个穷女婿。
万金莲讲："不穷，老窍人穷志不穷。他是一个小灵通，嫁这样
一个好女婿，如同石灰混水一样一身松。"

　　这就是老窍的故事——摘果选婿。

钟山两安土话

扫码听音频

　　要想唱歌得开嘴　哎——要想唱歌得开嘴，要想食油茶得起
早。唱歌保你精神爽，食油茶保你心情好，呼嘿！

　　唱歌会友情长久　哎——唱歌会友情长久，油茶待客真周到。
一面煮油茶一面唱山歌，神仙哪个有我这逍遥，呼嘿！

　　掌枚钱　掌——掌——掌枚钱。食唔完，□扔下大江划大船，
捞头狗子归来□和你眠。

　　筛木孔 =　咕——吭——筛木孔 = 锯木头，筛出两头大老鼠。得
头煎，得头煮。得头上岭食苦麦，得头现 = 保 = 典 = 糜铛在家舔饭锅。

歇后语　□给和尚□剪、剃脑——费事

木箱装木箱——空空

□饱个糍子——有唔有也□得，无纳也路＝松＝（饭后糍粑——可有可无）

算盘上写数目——唔得□用

热天着被窝——唔得办法

补铛佬黏铛——定卵了（补锅佬补锅——定数了）

□热头来晒屎窟——多得来□个事（用太阳晒屁股——多此一举）

女人晒屎窟——见唔得天嗰事

□用木锤锤泥——锤扁你

雪＝子□着大裆裤——唔着适（小孩子穿大裆裤——不合适）

唱戏嗰大面鬼——瞭看不出

和尚配尼姑——唔合嗰（不合适）

泥豆子送酒——第一着时（花生送酒——最合适）

糍子黏糍子——无纳没有输赢

擤屎棍——第一臭

□人家□屎窟——臭事（给别人擦屁股——臭事）

两公婆争架——赢输也共样

□石头来□天——你赢□哪角？（用石头来打天——你赢在哪里？）

和尚脑擦油——滑脑

羊角长鼓舞　下面说一说瑶族人最经典、最有代表性的一支

舞蹈——羊角长鼓舞。羊角长鼓舞已经列入广西壮族自治区非物质文化遗产。瑶族人为什么要以这舞蹈作为本民族的代表呢？说起这件事，这里面有个故事。瑶族人的祖先来自千家峒，他们的祖先叫盘王。原来他是平王的一只大花狗，这只大花狗比较美丽，身上有二十四种颜色。他跟平王的三公主结婚以后就有了孩子，六男六女。（他）带着儿女到千家峒住下来了。千家峒的森林比较多，瑶族人在这里以打猎为生。

有一天，盘王带着儿女和村民到山上打猎。山上的山羊比较多，每天收获都不少。但是有一天，他遇到一只受伤的母山羊。它看见盘王就到他面前撞他，盘王被山羊撞倒后掉下山，挂在一棵泡桐树上，身体被泡桐树刺穿，那只母山羊也摔死了。从那之后，三公主跟她的儿女就非常生气。他们把山羊的角锯了，皮也剥了，把泡桐树砍了，做成了鼓。大鼓是用泡桐树做的，两面是用羊皮封好的。不管你到哪里，过什么节，瑶族人都是以这支舞作为表演节目。（他们）跳的时候非常生气，自己的祖先被山羊撞死了，所以敲鼓的时候，两只手都非常用力地拍，用那只山羊的角摇来摇去，就形成了现在的羊角长鼓舞。这支舞配着音乐跳起来，现在是比较成功的，也是比较雄壮的舞蹈。羊角长鼓舞是经典的舞蹈，其中的故事就是这样来的。

广西湘方言

广西湘方言的历史来源

《中国语言地图集》关于湘方言的分区作了以下说明："湘方言主要分布在湖南的湘水、资水、沅水流域以及广西的全州、兴安、灌阳和资源"，并将广西境内的湘方言归为湘方言的"娄邵片"。

《诗·商颂·殷武》："挞彼殷武，奋伐荆楚。……维女荆楚，居国南乡。"殷末之际，中原势力开始进入长江流域，楚政权兴起。《史记·楚世家》："楚之先祖出自帝颛顼高阳。"颛顼据说是黄帝的孙子，封地在高阳（今河南省开封市杞县境内），可见楚的先民来自中原。南下的中原文化与楚地的巴蜀文化、百越文化相结合，最终形成独特的楚文化。中原势力进入楚地的同时也带来了他们的语言。中原势力在与楚地世居的巴蜀、百越民族的长期交流融汇中，语言之间也不可避免地密切接触与交融，最终形成了一种既不同于世居民族语言，又与中原语言有较大差异的语言，即"古楚语"。 古楚语主要分布在今湖北、湖南和长江中游南岸一带，可以说是今天湘方言的前身；也有学者认为，早在战国时期，今湖南境内当时就存在着一种内部有差异的古湘方言；还有学者通过对汉朝扬雄所著的《方言》的深入梳理，认为到秦汉时期，湘方言的发展已基本成形，可称作"古湘方言"时期。随后的漫长历史时期，"古湘方言"不断通过移民的方式向湖南境内的非汉语地区以及湖南境外地区扩散。

今天广西东北部的全州、灌阳、资源、兴安四县方言属于湘方言，其中有历史行政区划方面的原因。这四县属地在秦朝及汉初属于长沙郡范围，西汉中期以后归属零陵郡，东晋南朝属湘州。隋朝以后，今全州、灌阳、资源辖区和兴安辖区开始分属当时的零陵郡和始安郡（以桂林为中心）。唐朝时，零陵郡改成永州，中期以后永州属湖南观察使辖区。及至北宋，它才从永州分出全州（辖今全州、灌阳二县，当时尚未设置资源县）。永、全二州均属荆湖南路。元朝时，全州改为全州路，属湖南道宣慰司。一直到明朝，全州及其管辖的灌阳县才脱离以长沙为中心的湖南地区，正式划入广西。资源县则是 1935 年才从原全县（今全州）和兴安县各析出一部分乡镇而设立的。今全州、灌阳、资源、兴安属地在历史上隶属湖南曾绵延一千多年，该四县方言与邻接的湘西南的城步、武冈等六个县市的方言趋于一致，都保持了湘方言南片的显著语言特征。今天广西全州、灌阳、资源、兴安四县的湘方言，由于受桂林官话、普通话的影响，发生了不同程度的变化，老派口音与新派口音已有较大区别，城镇中心与偏远农村的湘方言也出现了较大差异，尤其是全州、灌阳、资源、兴安的县城话更是越来越接近桂林官话。

文
化
广
西

广西湘方言的特点

广西湘方言的语音特点

有四个声调。

"皮、婆、败、全、甜、独、字"等字的声母仍读为浊音（发音时声带颤动）。

"老、脑"读音混同，"南、蓝"不分。比如，常将"脑袋"说成"老袋"，"南方"说成"蓝方"。

没有翘舌音声母。比如，"老师"说成"老丝"，"知道"说成"滋道"。

普通话读 f、h 声母的部分字在广西湘方言中读 h、f 声母。比如，"飞机"读成"灰机"，"户口"读成"副口"。

"起""此"不分。比如，"喝起"说成"喝此"。

部分普通话读前鼻音韵母的字在广西湘方言中读为后鼻音韵母。比如，"参观"读成"仓光"，"肝胆"读成"钢档"。

广西湘方言的词汇特点

　　广西湘方言传承了部分古语词。如"开坼（开裂）""来晏了（来晚了）""捋毛（拔毛）"中的"坼、晏、捋"等古语词，在广西湘方言中是常用词，而普通话已不用或词义发生了变化。

　　广西湘方言中存在一批特色方言词。比如，"蜘蛛"称为"剥丝"，"西红柿"叫作"毛秀才"，"太阳、抽烟、告诉、娇惯、聊天"说成"日头火、喝烟、告送、惯惜、谈白"。

　　普通话中很多双音节词在广西湘方言中为单音节词。比如，普通话的"池塘、上供、惊慌、天气"，广西湘方言说成"塘、供、惊、天"。

　　广西湘方言中存在一批与普通话语序相反的词语。如"闹热（热闹）、磨石（石磨）、欢喜（喜欢）、算计（计算）、鸡公（公鸡）"等。

广西湘方言的语法特点

　　广西湘方言中存在"两打两""万打万""对打对"的说法，分别表示"一两左右""至少有一万""成双成对"的意思。普通话则无类似说法。

　　表示正在进行的时态，普通话用助词"着"，广西湘方言则用"倒"。比如，普通话的"他在看着书"，广西湘方言说成"他在看倒书"。

　　广西湘方言中一些句子的语序与普通话有别。比如，普通话的"我先去"，广西湘方言说成"我去先"；普通话的"我讲不过他／我不认得字"，广西湘方言说成"我讲他不过／我认不得字"。

　　普通话的比较句"张三没有李四好"，广西湘方言说成"张三不比李四好"。

广西湘方言中的文化内涵

"冰棒大人"并不卖冰棒。在全州湘方言中，"冰棒大人"并不是卖冰棒的人，而是指专门给别人牵红线的"媒人"。古时候关于"媒人"有众多雅称，如"伐柯人""保山""月老""红娘""媒妁""冰人"等。为何称为"冰人"呢？《晋书·索纮传》中有这样一个故事：相传在晋朝时有个叫索纮的人，他善于解梦，能占卜预知吉凶祸福。有一次，一个叫令狐策的人做了一个梦，梦见自己站在冰上，和冰下的一个人说话。不知是何征兆，令狐策就请索纮为他解梦。索纮为他解释道："你在冰上同冰下的人说话，这象征着你在调和阴阳，调和阴阳就是做媒介，你将会给别人做媒。但这媒不容易做，要用你的热情把冰融化了，男女双方才能成婚。"后来令狐策果然给太守的一个儿子做媒，又碰巧把婚事说成了。所以，"冰人"就成为"媒人"的代称。全州湘方言又将这个"冰人"的雅称换成了一个比较通俗的说法，即"冰棒大人"，这样更符合普通老百姓的口语表达习惯。

"盘费"是什么钱？古人提及路费时常说成"盘缠"，这种钱为什么用"盘"和"缠"两个动词来表示呢？这是因为古时候的

钱常常是中间有孔的金属硬币（铜钱），为了使铜钱不乱转，加工时就将铜钱当中的孔开成方孔，所以古时候的钱又有一个别名"孔方兄"。这种有孔的金属硬币常用绳索成串穿起来，一千个钱币称为"一贯钱"。人们出远门时，只能带上笨重的成串铜钱，把铜钱盘起来缠绕腰间，既方便携带又安全，因此古人就将这又"盘"又"缠"的旅费叫作"盘缠"了。在全州湘方言中，将"路费"说成"盘费"，其源头就是"盘缠"，属于古语词的留存。

不招人喜欢的"鸟"。鸟作为自然界中一种常见的动物，其美丽的外形、优美的嗓音等常受到人们的喜爱，但是在广西湘方言中，"鸟"这个词却不那么招人喜欢。在全州湘方言中，"鸟"表示"最后、末尾"的意思，所以"在末尾排队"可以说成"排在鸟巴巴"，"小拇指"可以说成"鸟指头"。在有些粗俗、骂人的话中，"鸟"字也来凑热闹，只不过这个时候"鸟"字的声母不是 n，而是 d 了。

塑料或木头做成的"瓢"为何都叫作"瓜瓢"？今天的广西湘方言地区，用以舀水的工具虽已多是用塑料或木头等材料做成的，但很多地方仍用"瓜瓢"一词统称之。"瓢"作为舀水或取东西的工具，古已有之。从"瓢"的字形可见，古时候用来制作"瓢"的材料多为"瓜"，是用"匏瓜"或其他"瓜"对半剖开而成。随着社会的发展，制作这种工具的材料逐渐变成木头或金属等，但人们的口语中仍以"瓜瓢"统称之。这种现象蕴含着语言的社会属性，也就是说，只要使用者约定俗成，很多语言现象或语言规则可以"违背"字面义或逻辑，如普通话中的"白板"（用于上课板书的新教具）可以统称"黑板"，亦属于同类现象。

　　"彩虹"说成"降"，这是真的吗？在全州湘方言中统称"彩虹"时所用的词与普通话"下降"的"降"同音，有人认为写出来就是"降"字，难道是七仙女降下凡间了吗？那你就想多了。全州湘方言说"彩虹"时所用的词虽然与普通话"下降"的"降"同音，但却不是"降"字，而是"虹"的另一个读音。"虹"这个字在古代本来就有两个读音，一个读音与"洪"同音，就是今天我们普通话"彩虹"中"虹"的读音；还有一个读音与普通话"下降"的"降"同音，就是现在全州湘方言及其他方言中仍保留着的音。所以，"彩虹"的"虹"无论说成"洪"音还是"降"音，实际上都是"虹"字。

　　"麦根豆"是什么豆？在全州湘方言中有一种豆叫作"麦根豆"，实际上就是"豌豆"。豌豆怎么和麦子扯上关系了呢？在湖南，"豌豆"常被称为"麦丸"，如常德话中将"豌豆"说成"麦丸儿"，益阳话中将"豌豆"说成"麦丸子"，都和"麦"有关。这可从一个侧面反映出广西湘方言与湖南境内相关方言之间具有密切的关系。

　　"冰、凌"并存，反映气候情况。在全州湘方言中，"冰"不仅可说成"冰"，还可说成"凌钩钩"，其中"凌"的本义是"冰"。《诗经·豳风·七月》中有"二之日凿冰冲冲，三之日纳于凌阴"，其中"凌阴"指"冰室"。全州地处桂林市东北部，位于湘江上游，与湖南接壤，其气候相较广西其他地区来说更冷一些，所以在词汇中有一些反映气候较冷的词出现。正如"冰棍"一词的说

　　法，在鹿寨以南基本上都说成"雪条"，在桂林境内基本上都说成"冰棒"，全州湘方言说成"冰条"。

　　"我肯＝去／我肯＝聪明"是什么意思？你听得懂全州湘方言这两句话的意思吗？"肯"在普通话中表示"许可、愿意"的意思，如"我肯去"这句话表达的意思是"我愿意去"。但是在全州湘方言中，这个貌似表示"想去、愿意去"的句子却表示否定义，"我肯＝去"表达的意思是"我不去"，"肯＝"在此是一个否定副词。在兴安湘方言中，表示"我不去"的说法是"我很＝去"，用的否定副词是"很＝"，与全州湘方言中的"肯＝"音比较接近。"我很＝聪明／我很＝去"，表达的意思是"我不聪明／我不去"。这种否定用法与湖南永州话相似，也从一个侧面说明广西湘方言又被称作"湖南话"是有一定道理的。（说明：这里的"肯＝""很＝"，其中的符号"＝"表示同音关系，意即与普通话的"肯""很"同音，但不一定是这两个字，本字尚待考证）

　　出于忌讳，"做狗""和狗样""和牛样"另有所指。在全州湘方言中，由于忌讳等，小孩子生病不能直接说生病，这样不利于小孩子的康复，因此常将小孩子生病称为"做狗"；在拜菩萨的时候祈求菩萨保佑自家的小孩健康说成"和狗样""和牛样"。这是忌讳文化在广西湘方言中的体现。

　　个别亲属称谓不分性别。在全州湘方言中，若听到与普通话"巴巴"音近的一个亲属称谓，是分不清指男指女的，这是指曾祖辈的亲属称谓。为了将男女区分开来，会在其前面加上"男"或"女"，将曾祖父称为"男巴＝巴＝"，将曾祖母称为"女巴＝

巴＝"。一般情况下，当面称呼时无论男女都称作"巴＝巴＝"，背面谈及时会加上性别将其进行区分。这种亲属称谓现象可以叫作"男性亲属称谓泛化"，在湖南常德、岳阳等地区的方言中比较普遍。如湖南岳阳临湘一带有的方言只有男性称谓，缺少女性称谓。爸爸是"爸"，妈妈也是"爸"；祖父叫"爹"，祖母也叫"爹"。分辨男女的办法只是加"大""细"，即爸爸是"大爸"，妈妈是"细爸"，以此类推。哥哥当然是"哥哥"，姐姐也叫"哥哥"；弟弟称"老弟"，妹妹也称"老弟"；叔叔叫"细爷"，阿姨也叫"细爷"。这实际上是古代称谓的写照。到了汉朝，妹妹的称呼还未出现，而叫"女弟（更早时则称'女兄'）"，祖父母均称"祖"，父母皆称"亲"，分性别称谓直至汉朝以后才成系统。

西红柿的叫法很多。在广西湘方言中，西红柿有多种叫法，如"番茄""毛秀才""红海椒""洋海椒"等。"番、洋"从名称上就说明了西红柿不是本土的，是从国外引进的植物品种，因而在众多植物中看到类似这样字眼的名称就可以大致判断这种植物不是中国本土的品种，如"番薯"最早种植于美洲中部墨西哥、哥伦比亚一带，由西班牙人携至菲律宾等国栽种，约在明朝后期从菲律宾、越南等国传入我国；"番石榴"原产于南美洲；"洋葱"原产于中亚或西亚。"番茄、洋海椒"两个词从名称上就看得出西红柿为洋玩意儿。"辣椒"在当地称为"海椒"，"海"表明这种深深影响着湖南、四川人味蕾的植物是漂洋过海引进的。"红海椒"凸显出西红柿的颜色，大家容易理解，而"毛秀才"却是一个广西本土的叫法，外地人第一次听到会不知所云。西红柿在

广西湘方言和桂林官话中称为"毛秀才"，在民间流传着一个故事。以前，桂林南山边一个村庄住着一户毛姓人家，他们家几代都是单传，直到清朝末年，他们家孩子经过几次科考，终于考中了秀才。他们家希望孩子可以光宗耀祖，继续考进士、考状元，可是老天好像故意和他们家唱反调，孩子每次赶考都是名落孙山，最终仍只是个秀才，所以叫"毛秀才"。毛秀才屡次科考落榜，只好回家种田。他们家在明朝就开始种植西红柿，经过精心栽培，毛秀才种出的西红柿个大饱满，吃起来口感好，渐渐地在附近村镇小有名气。每到赶集时，人们都愿意买毛秀才种的西红柿。"我要毛秀才的西红柿！""来两斤毛秀才！""给我来点毛秀才！"久而久之，桂林人干脆直接把西红柿叫成"毛秀才"，同时，"毛秀才"也成为桂林官话及周边方言的特色方言词。广西湘方言中很多地方将西红柿叫作"毛秀才"，应该是受到桂林官话的影响。

广西湘方言音频材料

全州县城话

扫码听音频

排排坐　排排坐，吃糯糯。糯糯香，买生姜。生姜辣，买枇杷。枇杷苦，买猪肚。猪肚尖，尖上天，天上打鼓扒龙船。龙船破，猴子挑水满街过。猪捡柴，狗烧火。猫猫端凳给客坐，客不坐，拿紧猫猫割耳朵。

摇啊摇　摇啊摇，摇到外婆桥，外婆叫我好宝宝。你一个，我一个。大的吃了做事去，小的在屋里打摇摇。

小汽车啊　小汽车啊，真漂亮。上面坐一个老太太。说五毛，给一块。你说奇怪不奇怪？

寿佛菩萨的故事　今天，我就给大家讲一个关于我们全州湘山寺里的寿佛菩萨的故事。我母亲跟我说，寿佛菩萨做过两件好事。

第一件事，就是把我们现在通往全州的这条必经之路给修好了，也就是现在磐石脚那里的那条路。他是怎么样修好的呢？以前寿佛菩萨就十分喜欢吃江对面的那个豆腐。他要去到那个地方

呢，那条路太窄了，他过不去，结果，那个寿佛菩萨就特别生气。他就每天经过那里的时候，用屁股对着那个石头使劲地碰撞，碰啊碰啊，就把石头碰得凹进去了。结果，那条路就开了一条路出来，就是我们现在所谓的那个办事处所在的位置。现在你经过那里的时候，那边的山是很高的，但是那个山边边呢都还是可以看到一些屁股印子的。这是我母亲以前跟我讲的。

　　第二件事，就是那个寿佛菩萨建起了这个湘山寺。他要建起这个湘山寺，就需要去一个地方要木头。那些木头他该怎么样运回来呢？这些木头很难运，于是这个寿佛菩萨就想了一个办法。我母亲和我说，寿佛菩萨就用他的脚对着山头使劲跺脚。这一跺脚，就相当于打开了一条水道。打开了一条水道，然后那边就有一道水直接通到我们这个湘山寺里面的井眼里来了。然后，他就买了九十九棵树，把这九十九棵树放到这个井眼里，就是他用脚震开的那条水道，他就把树木从水道放进去让它们漂过来。漂过来之后，就到了这边，就一直往湘山寺的这个井眼漂过来了。结果呢，寿佛菩萨发现他买的九十九棵树却只收到了九十棵，就是没看见剩下的那九棵。后来他就算啊，他发现，这九棵应该还在这个井眼里，这九棵树在这个井眼里化作了九条龙。寿佛菩萨说，这九条龙很麻烦啊，以后肯定会在这一带作怪，影响我们的生活。这个寿佛菩萨就想办法，弄了个锁，画了道符，把九条龙镇在这个井眼里面。所以说，你们去了湘山寺都可以看到这口井。到这里去看看啊，那上面都是有锁的，那是用来镇压九条龙的锁。

　　这个关于寿佛菩萨的故事，我就讲到这里了。这个寿佛菩萨，活了一百多岁。寿佛菩萨死的时候呢，就是在这个宝塔里面坐着死的，就是在我们湘山寺的这个宝塔底下死的。这个故事我就讲完了。

灌阳县城话

扫码听音频

摇摇摆摆　摇摇摆摆，撑船过海。磨利刀崽，杀死螃蟹。螃蟹过江，踩进蚂蟥。蚂蟥告状，告进和尚。和尚看见，看见观音。观音织布，讨个媳妇。媳妇妈妈，挑担粑粑。一跤跌起，跌进屁呀。

点点窝窝　点点窝窝，淘米下锅。猫崽吃饭，老鼠唱歌。唱个什么歌，唱个东门李大哥。你在东门做什么，我在东门讨老婆。有钱讨个黄花女，无钱讨个癞头婆。癞头婆，偷米养鸡婆。鸡婆不生蛋，打死癞头婆。

多谢了　多谢了，多谢主人，多谢茶。娘娘是个勤快人，十里八乡把你夸。

俗语　两手勤快，有酒有菜。上不紧，下不忙。

吃不穷，穿不穷，不会打算一世穷。

家有老人出世界，家有菜园吃嫩菜。

一代亲，二代表，三代四代不走了。

问人不蚀本，只要舌头滚两滚。

穷人靠养猪，富人靠读书。

清官难断家务事，隔壁难断两公婆。

种错阳春误一年，讨错老婆误一生。

在家千日好，出门事事难。

人争一口气，佛争一炷香。

洞小不补，大了要尺五。

外孙外孙，越带越生。带大外孙，食你牙根。

在家孝父母，何必远烧香。

人怕伤心，树怕剥皮。

人要忠心，火要空心。

当面锣，对面鼓，有话讲清楚。

上梁不正下梁歪，下梁歪了倒下台。

在家靠父母，出门靠朋友。

饿死不吃谷种，馋死不吃菜秧。

先生与长工的故事　　今天，我来给大家讲一个先生与长工的故事。从前，有一个非常开明、非常明事理、非常会做人的大户人家。他为他家老人八十大寿做了一场酒席，酒席当中呢，不分贫、贱、富、贵、老、少，主人和仆人同饮。在酒席过后呢，他就吩咐那个长工去送书馆先生到书房里头睡觉。在送书馆先生去睡觉的路途中，长工就举着灯笼，说："长工举灯送长工。"那个先生恼火了，他讲："我这长工与你那个长工可不同哦。"长工问："有什么不同？"先生说："在酒席上，长工才分贵贱。"长工讲："还不是一样的，你一盅我一杯的，哪里分贫富贵贱呢？"先生无言以对，所以呢就没办法讲了。这个故事就讲到这里。

船夫与书生的故事　　今天，我给大家讲一个船夫与书生的故事。从前，有一个书生想进京去赶考。他就走到一个渡口边，渡口边有一个船夫。船夫问："相公，要过江？请答上我一副对联。"书生正要卖弄自己的文采，便满口答应下来，说："请出上联。"船夫说："鳅短鳝长鲢大口。"书生冥思苦想了半天，答不上来，想啊想啊，始终想不起来。后来呢，就觉得自己的知识太单薄了，他就回去了。回到客栈里头，他想到自己这么没有文采，怎么回家去见父老乡亲呢？所以他就上吊自杀了。书生死后阴魂不散，变成一只麻雀，就在渡口之间飞来飞去，一声一声地啼叫啊，叫啊叫，一边叫一边唱："鳅短鳝长鲢大口，鳅短鳝长鲢大口。"船夫听了，知道是那个书生死了以后不甘心，所以还要回到这里来唱。船夫接着吟道："龟圆鳖扁蚌无头。"麻雀听到这个以后叽叽喳喳地叫了两声"龟圆鳖扁蚌无头"，就向天空飞去了。这个故事就讲到这里。

广西闽方言

三

广西闽方言的历史来源

　　广西闽方言大都呈散点分布，彼此之间的方言特点有同有异。其一致性主要体现为底层特征多保留闽方言的典型特征；但由于周边语言环境有差异，受周边方言接触影响的程度和结果也不同，因此，广西闽方言内部存在较大的差异性。

　　广西闽方言基本都属于闽南话系统，是由历史上的闽南移民带来的。这些闽南移民先至广东，后迁入广西。具体而言，广西境内的闽方言是近五六百年来福建漳泉一带及广东潮汕地区人民向西迁移而带来的。其迁徙路线主要有两条：一是从福建漳州一带迁入广东潮州地区，再由潮州向西迁徙经粤西进入广西，然后溯西江而上，沿贺江、柳江、红水河等支流到达贺州、平乐、永福、柳江、罗城等地；二是从福建漳泉一带经南海入廉州，再沿南流江进入广西博白、陆川、北流、桂平、平南一带。

　　福建闽南人进入广东最早始于汉初。汉初闽越王带兵攻打南越时，"并至揭阳"。揭阳是从闽越到南越的中间站，其间不时有闽南人进入揭阳地区。两晋及唐宋时期，由于战乱或其他原因，又有大批闽南人迁入广东潮州地区。近代的潮州人因多半来自福建而被称为"福佬人"，潮州话又被称为"福佬话"。潮州话与福建闽南话相当接近，正如明朝王士性《广志绎》一书所言："潮州为闽越地。……潮在南支之外，又水自入海，不流广，且既在广界山之外，而与汀、漳平壤相接，又无山川之限，其属之繁华既与漳同，而其语言又与漳、泉二郡通，盖惠作广音而潮作闽音，故曰潮隶闽为是。"潮州话与闽南的漳州话、泉州话等同一系属，一方面固然是因为彼此之间地缘相近，另一方面也是因为历史上闽南人的迁徙。明清以来，部分广东潮汕地区人民继续向西迁徙，经粤西进入广西，然后溯西江而上，沿贺江、柳江、红水河等支流到达贺州、平乐、永福、柳江、罗城等地。

　　五六百年前由福建漳泉一带迁至雷州、廉州（廉州府在明清时期为广东的"十府一州"之一，辖今北海、钦州、防城港等地）的闽南人，可能与捕鱼及经商活动有关。明朝王士性《广志绎》说："廉州……其俗有四民：一曰客户（指客家人），居城郭，解汉音，业商贾；二曰东人（指来自福建闽方言区的人），杂处乡村，解闽语，业耕种……"明朝陈全之《蓬窗日录》也提及："廉州人作闽语，福宁人作四明语，海上相距不远，风气相关耳。"由此可见，明朝的廉州已有闽方言流传。闽南人之所以便于迁入雷州、廉州，应和福建与雷州、廉州之间有海路可通有关。明清以来，部分廉州闽南人继续沿南流江迁徙，进入广西博白、陆川、北流、桂平、平南等地。

广西闽方言的特点

广西闽方言的语音特点

在此，我们以广西平南上渡闽方言为代表，简述广西闽方言的语音特点。

有 7 个声调。

没有 f 声母。"夫、肤、辅、府"的读音与普通话"呼、虎"相近，只是声调不同；"房、放"的读音与普通话"帮、棒"相近，只是声调有异。

没有翘舌音声母。

"座、襄、锁、写、邪"等字的声母读为边擦音。这种情况应是受广西相关少数民族语言影响所致。

留存上古汉语的语音特点。"扯"的读音与普通话"丢"接近，唯有声调不同；"猪、住"的读音与普通话"低"相似，只是声调有别；"除、厨"的读音与普通话"敌"相近，只是声调有异。这是上古汉语的语音特点在广西闽方言中的留存。

广西闽方言的词汇特点

在此，我们以广西平南闽方言、桂平闽方言为代表，概述广西闽方言的词汇特点。

广西闽方言留存了部分古语词。如"烂澄烂泥、妗婆舅母、伊他、畬旱地"中的"澄、妗、伊、畬"等古语词，在广西闽方言中是常用词，而普通话已不用这些词，或词义发生了变化。

广西闽方言中存在一批特色方言词。这些特色方言词有的与福建闽方言一致，有的则与周边方言（如粤方言）相同。由此可见，这些特色方言词有的是闽方言词汇的保留，有的则是受周边方言影响的结果。如"热头太阳、冻水冷水、檐蛇壁虎、马公公马、马骝猴子、头毛头发、扯风箱打呼噜、唔该谢谢、恰啱刚巧、木虱臭虫、阿兄哥哥、喙嘴、澜口水、冥夜晚、厝屋、骹脚、昏香烟、囝小孩子"等。

广西闽方言的语法特点

在此，我们以广西北流闽方言、平乐闽方言、桂平闽方言、平南闽方言等为代表，简述广西闽方言的语法特点。

广西闽方言中既保留有闽方言特有的名词词缀"侬、囝"等，同时由于周边方言的影响，也存在"佬、婆"等名词词缀。

普通话的比较句"我和他一样重／我没比你重"，北流闽方言说成"我同伊平平重／我无较重你"。

普通话的被动句式"别让他知道"，平乐闽方言说成"莫分伊知得"。

普通话的处置句"把门踢开"，北流闽方言说成"门共伊踢开"。

广西闽方言中的文化内涵

　　"小孩子"称作"囝"或"囝儿"。"囝"最早见于唐朝顾况的诗作《囝》："囝生闽方……囝别郎罢，心摧血下。隔地绝天，及至黄泉，不得在郎罢前。"并作了自注："囝，音蹇。闽俗呼子为囝，父为郎罢。"意思是说，闽方言习惯称"子"为"囝"，称"父亲"为"郎罢"。今天的各地闽方言仍把"儿子"称作"囝"，而且不少地方的闽方言用"囝子、囝囝、囝儿"等统称"小孩子"或"儿女"。广西桂平闽方言中的"囝"或"囝儿"亦为"小孩子"的统称。我们知道，上古汉语的男女称谓尚无严格区分，"子"可以兼表"女"，"弟"可以兼表"妹"。可见，广西闽方言留存了闽方言非常典型的特征词"囝"，并且沿袭了上古汉语男女不分的称谓习惯。

　　"石灰垫骸"到底是垫哪个部位？说的是什么意思？广西桂平闽方言有一则很常用的熟语，那就是"石灰垫骸"。这里的"骸"就是"脚"，"石灰垫骸"即"石灰垫脚"。"骸"的本义是胫骨近脚处较细的部分，但各地闽方言均称"脚"为"骸"，这也是闽方言区别于其他汉语方言的一个典型的特征词。"石灰垫骹"的后半句为"冇得悬"，即"高不了"，比喻做无用功。在不同的汉语方言中，比喻做无用功，有各种熟语，如"拿豆腐垫脚""捧火灰垫脚"等，都是劳动人民用身边熟悉的事物打比方，深入浅出地总结生活经验或人生哲理，从中可折射出当地人民的生活智慧和地方风貌，广西桂平闽方言的"石灰垫骹"亦如此。

人也可以"饲"。我们知道，"饲"这个词的本义是拿食物给人或动物吃，即"喂食"，后专指喂养牲畜，如唐朝杜甫《黄鱼》："脂膏兼饲犬，长大不容身。"在广西闽方言中，"饲"仍然保留了其最初的用法，"饲"的对象既可以是人，又可以是动物，如"养儿育女"说成"饲囝"，"赡养父母"说成"饲父母"。广西闽方言中这种"古风"现象很普遍，比如，在桂平闽方言中，"白天"说成"昼"，"夜晚"说成"冥"，"叶子"说成"箬"（音同"若"），"衣袖"说成"裓"，"浇水"说成"沃"，"晒"说成"曝"，"蒸"说成"炊"，"眼花"说成"瞀"（音同"貌"），等等。

广西闽方言音频材料

桂平闽方言

扫码听音频

一念亲娘　一念亲娘生我日啦，双手抱高脐肚面啊，饲□喂奶喂水苦养育啦，挨更挨夜到天光啦。二念亲娘受苦辛啦，囝儿嚎咧俚_你听到咧，左边□□你同仔困，右边□□同俚困啊，囝儿出麻又出痘啦，□□到处问医两头忙啦，拉济_{几多}辛苦拉济奔波，能把囝儿啊饲成人咧。三念娘亲有囝苦啦，省俭用入学真是买笔，挨饿枵饥无做声，囝儿爱听老师话啦，学习爱啰。四念勤家，爱老学爱着不差咧，和睦外亲隔里邻舍，无使□□无使自夸，奔波劳碌谋衣食啦，昼出耕食俚夜纺纱啦。

月光光　月光光，请你落来食夜饭。食□_{什么}菜？苦瓜跟芹菜，豆角留□_{明天}崽。

米磨□　米磨□，饲大鸡。饲得大，刣鸡㷉。运＝即＝罗＝腿，囝仔食。

歇后语　头顶生疮，骹_脚底流脓——坏够顶

问客杀鸡——假情假意

落雨天借雨伞——不是时候

新屎行——芳香三日

走一步，摸□□尾股——小心过度

□骸脚行路——步步歪

棺材摆在眠床边——大难来啦

过河翻船——个个落水

半夜食黄瓜——冇识头尾

马骝戴目镜——假斯文

换汤冇换药——老一套

看戏流目□眼睛水——有情人

考试冇用笔——口试

雷公劈豆腐——专拣软的欺

□冷水拍头——凉了半截

阎罗王——冇讲道理

两脚椅儿——站不稳

烈火冲干柴——一点就着

灭灯拍嫂妇老婆——暗里落手

狗听放屁——空欢喜

灰沙地堂铁扫帚——硬对硬

情人送别——恋恋无舍

穷人告状——输定了

日头打西边出——奇怪

上了岸的船——撑冇稳

伤口撒盐——痛上加痛

太监看嫂妇——冇奈何

排骨拍狗——有去冇回

石灰垫骹脚——冇得悬高

麻篮担水——一场空

和尚梳头——冇计出

老鼠过街——个个拍

矮囝爬山——步步悬高

青明盲人点灯——白去油

出笼雀仔——远远飞

牛郎和织女　以前，有一个年轻人，长得很帅气，又高又壮，叫作牛郎。村里人都很喜欢他。牛郎很小的时候就没有了父母。为什么没有父母呢？最开始只是他父亲有病而已，他母亲就照顾他父亲，照顾的时候由于太累，就也累病了。由于没有钱医治，两人就过世了。

牛郎身边有一头老牛，他们天天住在一起，感情很好。这头老牛呢，其实是天上的金牛星。金牛星呢，天上什么事都知道。他知道天上有一个漂亮的仙女，她要来村里的鱼塘洗澡。他知道了以后呢，就托梦给这个牛郎，这个牛郎听后很开心。（老牛）告诉他："第二天去鱼塘洗澡，那鱼塘有几个仙女在洗澡，大家在玩啊，在笑呀。你就拿走一个仙女的衣服，这个仙女呢就会是你的妻子。"第二天，牛郎去到鱼塘旁，真的看到几个仙女在鱼塘洗澡。他很高兴，就这样，他就过去偷偷地拿走一个仙女的衣服。拿来之后呢，他很高兴。

到了晚上呢，有一个仙女来敲他的门，之后就进来了，彼此感觉很好。就这样，仙女成为牛郎的妻子。婚后两人感情很好，日子过得很开心，三年内就生了一个女儿、一个儿子，（一共）两个孩子。这两个孩子都长得很好，一家人都过得很开心。

那这位仙女呢，是天上的织女。这件事情被天上的玉皇大帝知道了，他就派人来抓织女，把织女抓走了。

被抓走以后呢，牛郎着急得哭了起来，不知道怎么办。这个时候呢，老牛开口说话了，老牛说："不用着急！急什么，我有办法，我可以帮到你。你把我头上的角拿下来，拿下来的角会变成两个篮子，你就把这两个小孩一个放在一个篮子里，你就挑着去追织女，追到以后就好办了。"牛郎一一照办。牛郎挑起这担篮子以后，篮子就好像生了两只翅膀一样，一飞就飞起来了，飞得很快，眼看就要追到了。这个时候，天上的王母娘娘看到了，她呀，心很坏，不让两夫妻靠近。她拔下头上的金钗，在织女和牛郎中间一划，这一划就出现了一片大海，这片大海浪很大。就这样把他们隔开了，他们怎么都靠不近。

天上的喜鹊知道了，很关心他们，搭起一座鹊桥。这座天桥呢，就等着织女和牛郎相会。大家相会之后都很开心。

以后呢，每年的（农历）七月七就是织女和牛郎相会的日子。这个故事就讲到这里。

不怕鬼的故事　今天，我给大家讲一个不怕鬼的故事，这个故事是这样的。很久很久以前，有两个卖鱼的人，天天都到街上去卖鱼，都顶着一个大胶桶去卖草鳤。这两个人是同一个村的，一个姓黄，一个姓张。他们去街上卖鱼的时候呢，必须经过一个庙，这个庙叫作龙王庙。庙里面有好多菩萨，他们都会进去跪拜。

有一天圩日，这两个人就去卖鱼。这个黄姓卖鱼的叫作黄大胆，他先卖完了，他先回来。走到半路，天阴沉沉的，还打着雷，他走到庙旁边，自言自语道："我胆子大，我叫黄大胆，我不怕，我进去躲雨。"于是，他就顶着那个胶桶，拿着那根扁担进去躲雨。

他进到庙里，坐到那个菩萨前面，此时听到一声雷响"乒嘟——"，周围很亮，他看到了那个菩萨，看到那个菩萨的眼珠子凸出来，很凶的样子，又看到其他菩萨，有的拿着枪，有的拿着刀。他心想：哎呦，好怕啊。虽说他胆子大，但是还是很害怕，越想越害怕。想着想着感觉自己的头很凉，像是有鬼在摸头。他心想：不管雨多大都要回去了，不在这里坐了。他刚刚走到门口，就见到一个黑乎乎的家伙，头上也顶着一个黑乎乎的桶。他心想：这难道是鬼？于是他就拿起那根扁担，"铛铛"几下劈了下去。他劈倒黑乎乎的东西后，也不管雨有多大，一口气溜了回去。

溜回去后的第二天，他就请医生来给他看病。医生问他："你怎么得的这个病？"他就把昨天去卖鱼遇到的事情告诉医生："别讲啦，我去那个坏庙躲雨的时候，在打雷的时候，周围很多光亮，我看见那个菩萨的眼珠子凸出来，好像还有鬼摸我的头。我就跑了出来，跑出来时又见到那个鬼也钻了出来，我就一扁担打下去。"那个医生听到这里，说："咦？真有鬼？""是啊！"

接着，医生又到隔壁姓张的那里去，姓张的也请了医生，他也生病了，且是同一天得的病。他也是在那天去卖了鱼，他卖鱼卖得晚一点，他也是回到那个庙旁边。正是下大雨那个时候，他拿卖鱼的那个胶桶遮住头，就溜进那个庙里，他自言自语道："我不怕，我姓张，我叫作张不怕，鬼不怕，神不怕。"他就自己溜进庙里，刚进去的时候，就看到一个黑乎乎的东西出来把他给劈倒了。他也生病了，于是请了医生。

这个医生听到这里，他说："没有病，没有什么病，世界上没有鬼。既然你俩都找我看病，你们两个都过来，把你们的情况讲出来，你们两个不需要吃药就都好了。"那这两个人呢，把事情的经过一五一十地讲了出来。之后，这个黄大胆看看这个张不怕，张不怕又看看这个黄大胆，这样你看我好笑，我又看你好笑。

这个世界上就如同这个医生所说是没有鬼的，而是你自己怕自己，是人怕人的故事。这个故事就是这样了。

山浓婆的故事　大家好，现在我讲一个故事给大家听。这个故事叫作山浓婆□很浓密的深山里的一个老外婆。

有一天，有两个小孩子，他们的爸爸妈妈都不在家。他俩吃了晚饭后，洗了脚，就准备去睡觉了。刚睡了一会儿，两兄弟中的小弟就睡着了。

山浓婆知道他们的爸爸妈妈不在家，就想来吃他们。她来到门口，先敲门。一听到敲门声，大哥就问："谁在敲门啊？"她说："我是外婆啊！""哦！你是外婆啊，那等一下我开门让你进来吧。"（大哥说。）山浓婆说："不用啦，不用开门，我从狗洞钻进去就可以了。"为什么她要这么说呢？因为她怕这个小孩看到她是山浓婆，就说从狗洞钻进去。

钻进去以后呢，山浓婆就说："你们爸妈不在家，是不是睡很久啦？"大哥说："是呀，我们睡很久了。我搬一张椅子给你先坐吧。外婆等一等，一会儿就好了。"山浓婆说："不用啦，我坐鸡窝就可以了，我屁股上长了小颗粒，坐鸡窝就可以了。"

那山浓婆呢，就去坐鸡窝。大哥说："那么黑，我先点盏灯吧。"山浓婆说："不用啦，没有煤油，省点吧。你爸妈都不在家，我跟你们睡吧。"大家就一起上床睡。

小弟睡着了还没有醒，大哥也已经睡着了。她就开始吃年纪小的小弟。她先吃小弟的手，再吃大腿，到处的肉都吃完的时候，她还没吃饱。于是，她就开始啃骨头，"咔啊咔"地啃着骨头。大哥就醒了，问道："外婆，你为什么吃'咔啊咔'的家伙？""不是啊，我现在是在吃黄豆，我炒的黄豆。肚子饿了，我在吃黄豆。""是这样啊！外婆，我摸着这怎么很湿啊。"山浓婆说："这个啊，这个是小弟屙的尿。"实际上是山浓婆吃了弟弟流出来的血，山浓婆撒谎说是小弟屙的尿。大哥又摸到肠子，又问："这个怎么长长的。这是什么东西？"山浓婆说："这是小弟的捆带_{给婴幼儿包裹尿布用的}啊。""是这样啊！"那（山浓婆）吃完了之后呢，就说要回去了，她说："你在这先睡觉吧，我明晚再过来。"（山浓婆）就回去了。

大哥点亮了灯，一看，小弟都被吃了！吃完了！第二晚山浓婆又想来，直到天黑的时候，她问："你还没睡觉吗？""睡了呀，我开门给你进来吧。""不用啦，我继续从狗洞钻进去就可以了。"

　　进来后，山浓婆喊大哥："睡觉咯，我跟你一起睡。"大哥知道后，就上了床，慢慢地架了一个梯子，爬上二楼。山浓婆没见那个孩子，摸也没摸到，一看，原来这个孩子架着梯子上了二楼。山浓婆又想拿火柴，划着火柴，一划一根，这个小孩就用□□水，滴下来，把火柴弄灭，划一根就弄灭一根。好久之后，□□水没有了，山浓婆就想着可以上去了。山浓婆划着火柴又想上去。小孩子发现没有□□水了，就把这个□□水绳用力一扔就扔下来，正好砸中山浓婆，砸得她鼻血直流。山浓婆就说："我不犯天，不犯地，雷公劈我大鼻子。"说完她就很快地钻了出去。

　　之后呢，她就再也不来了。

　　这个故事就讲到这。

后 记

◆

出于对广西语言文化保护与传承的热爱和使命感，我们接下了"文化广西"丛书之《广西汉语方言》一书的编撰任务。但随即就"后悔"了，"后悔"之缘由并非初心改变了，而是压力所致。因为"文化广西"丛书的定位是通俗性大众读物，要求"通俗易懂、生动有趣"，这八个字看起来容易，但要真正落到实处太难了，尤其对我们语言学专业而言，要求"去专业术语、去学术理论、去国际音标、去学术专著痕迹"，更是难上加难；加上时间紧迫，只有短短的几个月时间就必须完成书稿，每个月的月初、月中、月末都要被出版社催进度，以至于看到责任编辑的信息或电话号码都"心有余悸"。之所以"后悔"，最主要还是因为我们的能力水平有限，加之是首次接汉语方言通俗性读物的撰写任务，生怕最后拿出来的东西愧对读者。但任务已接，诚信当头，只能咬着牙带领团队全力以赴投入书稿的编撰工作中。团队分工协作，桂林旅游学院陈小燕重点负责"广西粤方言""广西客家方言""广西湘方言""广

西闽方言”等章节的撰写及统稿，桂林理工大学杨丕芳重点负责“广西平话和土话”一章的撰写，运城学院刘艳平重点负责“广西官话”一章的撰写，汪浩洋、常景重点负责全书音频语料的剪辑、音频语料普通话转写工作的统筹等。在编写团队的通力协作下，在自治区党委宣传部领导和出版社责任编辑的具体指导下，在国家语言资源保护中心和自治区语委办的大力支持下，今天终于基本完成了书稿的撰写任务，但内心仍不敢有丝毫欣喜之情，有的还是“忐忑”和“不安”，因为书中一定还存在诸多错漏之处，敬请方家批评指正！

囿于丛书体例，不能在正文中具体标注参考文献和注释，在此谨向书稿编写过程中参考借鉴的相关文献的作者致谢，他们分别是（排名不分先后，以姓氏拼音首字母为序）：陈玲、邓玉荣、甘于恩、耿法禹、李新魁、梁敏、梁福根、林亦、罗舒殳、罗昕如、彭会资、覃远雄、唐七元、唐雪莲、熊守清、徐杰舜、严修鸿、杨焕典、余琴、袁家骅、曾达之、张均如、郑宇、周婷、周本良、朱海燕等。

为了能让读者近距离领略广西汉语方言多姿多彩的风貌，本书还附有一批广西汉语方言的音频语料。在音频语料的摄录过程中，倾注了我们诸多同行的心血，同时得到了一批热爱母语、热爱广西文化的社会人士的鼎力支持——他们就是我们可敬可爱的发音合作人；在音频语料的普通话转写过程中，我们也得到了桂林旅游学院、广西民族大学等高校在校学生和社会人士的大力支

持与帮助。他们是广西语言文化保护和传承的真正功臣。因篇幅
所限，在此我们不能一一列出他们的尊姓大名，但我们要以诚挚
的感恩之心向他们致以崇高的敬意和谢意！

陈小燕

2021 年 6 月